T.K.V. Desikachar
Über Freiheit und Meditation
Das Yoga Sûtra des Patañjali

Über Freiheit und Meditation

Das Yoga Sûtra des Patañjali

Eine Einführung

Übertragung und Kommentar von

T.K.V. Desikachar

vianova

Verlag Via Nova

Übersetzung aus dem Englischen von
Beatrice Müller

Originaltitel:
T.K.V. Desikachar
Patañjali's Yogasutras
Madras, 1987

9. Auflage mit neuer Ausstattung 2023
Verlag Via Nova, Alte Landstraße 12, 36100 Petersberg
Telefon: (06 61) 6 29 73
Fax: (06 61) 9 67 95 60
E-Mail: info@verlag-vianova.de
Internet: www.verlag-vianova.de
Umschlaggestaltung: Guter Punkt, München
Druck und Verarbeitung: Appel und Klinger, 96277 Schneckenlohe

ISBN 978-3-86616-534-2

Inhalt

Vorwort von T.K.V. Desikachar zur deutschen Ausgabe

Das wachsende Interesse des Westens an östlichem Gedankengut im allgemeinen und an Yoga im besonderen bedarf eines Verständnisses der Quelle des Yoga: des Yoga Sûtra Patañjalis. Geschrieben in knappem Sanskrit ist dieser Text selbst von Experten in dieser Sprache kaum zu verstehen. Mein Vater T. Krishnamacharya war glücklicherweise gleichermaßen eine Autorität in Sanskrit und von früher Kindheit an praktizierender Yogi unter der Anleitung von Meistern, die aus einer großen Tradition stammten. Seine eigene Erfahrung und sein lebenslanges Forschen haben diesem Text eine lebendige Bedeutung gegeben, die auch heute noch von praktischer Relevanz ist.

Ich hatte das große Glück, über lange Zeit mit meinem Vater leben und lernen zu dürfen, was mich in die Lage versetzt hat, mit diesem Büchlein eine einfache Einführung in diesen sehr komplexen Text zu geben.

Als sehr vorteilhaft erwies sich die Tatsache, daß dieser Text von drei sehr kompetenten deutschen Yogalehrenden, Beatrice Müller, Martin Soder und Dr. Imogen Dalmann, übersetzt, herausgegeben und gestaltet wurde und hier in dieser Form präsentiert wird.

Es wäre sehr vermessen, dieses Buch als Ersatz für das direkte Studium des Yoga Sûtra-Textes unter der Anleitung eines kompetenten Lehrers oder einer kompetenten Lehrerin zu verstehen. Wohl aber kann man sagen, daß es viele Menschen ermutigt hat, solche Lehrer oder Lehrerinnen zu suchen.

Madras, März 1997

T.K.V. Desikachar

Einleitung

Wie ist es möglich, mehr innere Freiheit und Frieden zu finden in einem mit großen Anforderungen und Hektik angefüllten Alltag? Die hier vorgelegte Übertragung von Patañjalis berühmtem Text über Yoga, dem sogenannten Yoga Sûtra, kann viel zur Beantwortung dieser Frage beitragen. Eine Beschreibung der Ursachen, warum wir uns immer wieder als eng, unzufrieden und unglücklich erleben, ebenso wie Strategien, die uns in die Lage versetzen, solche Situationen zu überwinden: In Patañjalis Werk wird beides entwickelt. Fast zweitausend Jahre alt ist dieser Text und fasziniert durch seine unerwartet moderne, für unsere Zeit in jeder Hinsicht brauchbare und praktische Art, in der er der Frage nachgeht, wie die in jedem von uns vorhandenen Ressourcen positiv genutzt werden können.

Darüber hinaus sind Patañjalis Ausführungen zweifellos die fundierteste Darstellung dessen, was unter Yoga zu verstehen ist. Sicher mag es bei der Lektüre manche überraschen, welch tiefgreifendes und umfassendes Konzept hier ausgebreitet wird: Yoga hat offensichtlich ungleich mehr zu bieten als eine Reihe wirksamer Körper-, Atem- und Meditationstechniken. Es spricht den Menschen

vielmehr in all seinen Dimensionen an und taugt für persönliche Transformationen auf jeder Ebene.
Ein Gewinn wird das Studium des Yoga Sûtra natürlich auch für alle sein, die selbst auf die eine oder andere Weise Yoga praktizieren. Es kann nicht nur die eigenen Erfahrungen vertiefen und ihnen einen soliden Rahmen geben, sondern auch neue Perspektiven entwickeln helfen.
Wir wollen auch nicht vergessen, welchen Wert die Verse Patañjalis für Generationen von Yogalehrenden hatten. Sie setzten und setzen noch immer die Maßstäbe, die an die Arbeit mit Yoga anzulegen sind. Tatsächlich entwickelt das Yoga Sûtra eine komplexe Pädagogik des Übungsweges Yoga. Es diskutiert die Ziele dieses Weges ebenso wie die dabei auftretenden Schwierigkeiten und die Möglichkeiten ihrer Überwindung.
Schließlich wird dieser Text alle begeistern, die sich ganz einfach erfrischen wollen an einer Quelle tiefster, uralter und über die Jahrhunderte erprobter Weisheit. Nicht nur ihnen wird die große Offenheit auffallen, mit der sich Patañjali den Fragen der spirituellen Entwicklung des Menschen nähert. Seine Verse sind frei von religiösen Dogmen und stellen keine Vorbedingungen. Sie lassen nie Zweifel daran, daß sich die innere Entwicklung eines Menschen in jeder Hinsicht an seinem je besonderen Hintergrund, seiner Kultur, seinen Bedürfnissen und Möglichkeiten zu orientieren hat.

Patañjali und das Yoga Sûtra

Als Sûtra wird der ganze Text von Patañjali bezeichnet, Sûtra wird aber auch jeder einzelne seiner insgesamt 195 Verse genannt. Wörtlich übersetzt bedeutet Sûtra „Faden“. Das Yoga Sûtra versteht sich deshalb als ein „Leitfaden für Yoga“. Seine Verse sind außerordentlich kurz und in Sanskrit, der alten Sprache des gelehrten Indien, abgefaßt. Wie so häufig bei Schriften der spirituellen Tradition Indiens ist uns nur wenig Sicheres über die Entstehung dieses Textes bekannt. Selbst von der Person des Autors Patañjali wissen wir kaum mehr als seinen Namen. Deshalb kann es nicht verwundern, daß es lange Zeit Gegenstand akademischer Diskussion war, wann genau das Yoga Sûtra verfaßt wurde. Man ist sich inzwischen recht sicher, daß der Text vor etwa zweitausend Jahren entstand, bestimmt nicht später als im 4. Jahrhundert unserer Zeitrechnung. Schon bald danach galt er als das grundlegendste, ja *das* maßgebende Werk über den Yoga. Dies ist er bis heute geblieben.

Yoga ist nicht Hinduismus

Wir wollen an dieser Stelle nicht versäumen, das Mißverständnis auszuräumen, Yoga wäre eine Religion oder ein Teil, ein besonderer Aspekt, eine Praxis des Hinduismus, der großen Volksreligion Indiens. Das Gegenteil ist der Fall; der Yoga Patañjalis wird sogar in maßgeblichen Schriften des Hinduismus ausdrücklich abgelehnt. Das liegt zum Beispiel daran, daß das Yoga Sûtra die Frage nach dem Glauben an Gott ausnehmend offen behandelt, während ein solcher Glaube im Hinduismus und in der ihm zugrunde liegenden Philosophie, dem Vedanta, als absolut notwendige Bedingung und Voraussetzung für alles weitere angesehen wird. Dagegen legt das Yoga Sûtra für den, der glaubt, dar, wie dieser Glaube eine Hilfe zu persönlicher Entwicklung werden kann, anderen aber werden dafür alternative Wege vorgeschlagen. Auch ein in den meisten anderen religiösen Traditionen Indiens zentrales Konzept wie das der Wiedergeburt, der Reinkarnation, spielt in den Darlegungen Patañjalis keine Rolle.

Es ist ebenfalls bemerkenswert, daß das Yoga Sûtra über all die Jahrhunderte nie zu einer heiligen Schrift einer religiösen Bewegung oder Schule wurde. Aber vielleicht gerade wegen seiner großen Offenheit, vielleicht wegen seiner einfachen Klarheit, vielleicht wegen der großen Kraft seiner Gedanken, vielleicht weil seine tiefe Spiritualität allen zugänglich ist: Der Yoga Patañjalis hat schließlich alle Weisheitslehren und Übungswege Indiens, den Buddhismus eingeschlossen, inspiriert. Was im Mittelpunkt von Patañjalis Betrachtungen steht, ist nämlich *unser Geist*. Seine Funktionsweise, sein Einfluß auf unser Leben, seine Begrenzungen, aber auch seine oft nur im Verborgenen schlummernden Möglichkeiten, all das behandelt und analysiert Patañjali unter den verschiedensten Fragestellungen. Welche Strukturen in unserem Geist sind es eigentlich, die uns in Enge, Hader und Leiden zwingen? Welche seiner Möglichkeiten führen uns zu besserer, tieferer Wahrnehmung und mehr Freude am Leben? Wie können wir diese positiven Möglichkeiten entwickeln? Solche Fragen stellt das Yoga Sûtra, ohne dabei an irgendeiner Stelle von der indischen Religiosität geprägte Inhalte transportieren zu wollen und zu müssen. Dies ist seine ursprüngliche Intention und macht es zu einem für Indien einzigartigen Werk.

Die Bewahrung dieser Qualität gegenüber der in Indien heute meist ganz selbstverständlichen Darstellung des Yoga Sûtra aus stark hinduistisch geprägter Sicht ist der hier vorgelegten Übertragung ein besonderes Anliegen. Sie macht offensichtlich, daß das Yoga Sûtra dadurch auch uns hier im Westen und heutzutage ein grundlegender und gleichzeitig praktischer Leitfaden für den Weg durch alltägliche ebenso wie spirituelle Erfahrungen sein kann.

Es gibt keine wirkliche *Übersetzung* des Yoga Sûtra

Einige kurze Bemerkungen sind nötig, um die besondere Bedeutung der hier von T.K.V. Desikachar unternommenen Darstellung des Yoga Sûtra zu würdigen. Sie sollen auch helfen, den Vergleich mit anderen bei uns zugänglichen Ausgaben des Textes zu erleichtern.

Alle, die sich ernsthaft mit dem Yoga Sûtra auseinandergesetzt haben, sind sich darin einig, daß es unmöglich ist, den Inhalt der Verse Patañjalis durch einfaches Übersetzen der Wörter angemessen wiederzugeben. *Jede* „Übersetzung" *muß* immer auch eine bestimmte *Interpretation* des betreffenden Sûtra (und als Hintergrund: des Textes als ganzem) transportieren, andernfalls bliebe sie dem Leser unverständlich.

Das hat im wesentlichen drei Gründe:

1. Sûtren sind in einer extrem kurzen Form abgefaßt. Viele der Verse ergeben ohne das Hinzufügen von ergänzenden Worten nur schwerlich einen Sinn.
2. Sûtren sind vornehmlich zum Gebrauch für Lehrende verfaßt worden. Der englische Indologe und Verfasser einer gerühmten Übertragung des Yoga Sûtra, Trevor Leggett, drückt es treffend aus: *„Ein Sûtra-Text war nur wenig mehr als die Sammlung von Überschriften, ähnlich denen, die von jedem Lehrer, der Schüler unterrichtete, zirkulierten. Sie mußten durch mündliche Anweisungen ergänzt werden, ohne die viele von ihnen kaum zu verstehen sind."* Über lange Zeit wurden diese Texte nicht schriftlich niedergelegt, sondern nur mündlich weitergegeben. Sie sollten nur Erinnerungshilfen sein, an denen entlang Lehrende ihre Schüler und Schülerinnen in einer lebendigen Unterrichtssituation im Yoga unterwiesen. Auch wenn man sich heutzutage einen solchen Umgang mit Texten nur noch schwer vorstellen kann; im alten Indien war diese Art der Wissensvermittlung lange Zeit die einzig existierende. Gedacht als bloße Merksprüche, mußte beim Abfassen der Sûtra deshalb gerade jene Situation *nicht* berücksichtigt werden, die uns heutzutage in der Begegnung mit Texten selbstverständlich ist: Wir schlagen die Seiten eines Buches auf und gehen ganz zu Recht davon aus, daß der gelesene Text sich aus sich selbst heraus erklärt und keiner zusätzlichen Kommentierung bedarf.
In seiner niedergeschriebenen Form wurden dem Yoga Sûtra deshalb auch bald Kommentare beigefügt, die sehr deutlich machen, wie nötig eine Erläuterung seiner kurzen Verse ist. Entsprechend gelten diese Kommentare, manche von ihnen selbst schon weit über tausend Jahre alt, als wichtige Hilfe für das Verständnis von Patañjalis Gedanken.
3. Schließlich haben viele der wichtigen Wörter des für die Abfassung des Yoga Sûtra verwendeten Sanskrit oft sehr weite Bedeutungsfelder und voneinander abweichende Bedeutungsschichten. Nicht nur, daß so eine verlangte Festlegung auf nur *ein* Wort manchmal ungenügend bleibt. Vielmehr bringt es die *Verschiedenheit* der *möglichen* Übersetzungen ein und desselben Wortes oft mit sich, daß die notwendige Entscheidung für die eine oder andere Bedeutung schließlich den Inhalt eines Sûtra bestimmt.

Dazu ein Beispiel:
Ein wichtiger und viel diskutierter Vers des Yoga Sûtra ist der zweite des ersten Kapitels. Dort wird Yoga das erste Mal definiert. In der vorliegenden Übertragung wird dieser Vers folgendermaßen wiedergegeben: *Yoga ist die Fähigkeit, sich ausschließlich auf einen Gegenstand, eine Frage oder einen anderen Inhalt auszurichten und in dieser Ausrichtung ohne Ablenkung zu verweilen.*
Gehen wir von den lexikalischen Bedeutungen der einzelnen Wörter aus, so wäre eine andere mögliche und ebenso korrekte Übertragung: *Yoga ist das Abschneiden aller Bewegungen unseres Geistes.*
Der Unterschied ist offensichtlich. Einmal wird unser Geist im Zustand von Yoga in einer *Aktivität* gesehen, wenn sie auch als sehr besonders und von seinen normalen Gewohnheiten verschieden verstanden wird. Im anderen Fall wird eine Situation beschrieben, in der unser Geist alles Leben verliert. Hinter beiden Auffassungen und den daraus folgenden Übertragungen des Sûtra stehen sehr unterschiedliche Konzepte vom Yogaweg insgesamt. Folgen wir dem Verständnis von T. Krishnamacharya, das sich in der Übertragung von T.K.V. Desikachar ausdrückt, dann geht es im Yoga darum, jene Ressourcen in unserem Geist zu *entwickeln*, die ihn zu einem großartigen Werkzeug für unsere Wahrnehmung, für unsere Suche nach Glück, Zufriedenheit und spiritueller Erfahrung machen können. Folgen wir der anderen Lesart, dann wäre es das Ziel des Yoga, den Geist zu *überwinden*. Wen würde es da wundern, wenn in Folge einer solchen Auslegung Yoga als Unterdrückung einer wichtigen Lebensfunktion, ja vielleicht als Abkehr vom Leben überhaupt, als Abwendung von zwischenmenschlicher Kommunikation, als Weg des Rückzugs in die Einsamkeit verschneiter Berggipfel mißverstanden wird? Nicht nur der älteste und wichtigste Kommentar zum Yoga Sûtra, den der berühmte Weise Vyasa schon im 6. Jahrhundert verfaßt hat, bezieht in der Erläuterung unseres als Beispiel gewählten Sûtras Stellung für eine Lesart, die ein Zur-Ruhe-Kommen des Geistes nicht als sein Absterben versteht, sondern damit eine klare, von jeder Unruhe freie, aber *aktive* Ausrichtung verbindet. Auch ein Blick auf den Text in seiner Gesamtheit macht deutlich, welche Übersetzung sich in die grundsätzlichen

Vorstellungen, die im Yoga Sûtra entwickelt werden, harmonischer einfügt. Die ausführliche Beschreibung des Prozesses der Ausrichtung des Geistes (zum Beispiel am Ende des ersten Kapitels und zu Beginn des dritten Kapitels), die Betonung dieses Prozesses als ein Kernpunkt des Yogaweges, die große Wertschätzung, dem ein durch Yoga entwickelter und gereinigter Geist zukommt, all das läßt keinen Zweifel, wie sehr die von T.K.V. Desikachar gewählte Übertragung in unserem Beispiel dem Gesamtkonzept des Yoga Sûtra entspricht. Nichts, weder unser Körper noch unser Geist sind aus sich heraus Störfaktoren, deren Bedürfnisse oder Aktivitäten schließlich abzutöten sind. Im Yoga von Patañjali und Krishnamacharya geht es um die Veränderung eines tatsächlich oft unruhigen, verstörten Geistes zu einem brauchbaren und in dieser besonderen Qualität ausgesprochen positiven Instrument auf dem Weg zu mehr Klarheit und Freiheit. Wir sehen, für eine wirkliche Annäherung an die Gedanken Patañjalis brauchen wir sachkundige Hilfe und Orientierung.

Tradition, Wissen und Erfahrung

Wenn das vorliegende Buch dem Anspruch, eine solche Orientierung für das Yoga Sûtra zu sein, gerecht wird, dann hat dies zwei Gründe. Zum einen speist sich diese Übertragung unmittelbar aus dem tiefen Verständnis und profunden Wissen eines der großen Lehrer des Yoga im 20. Jahrhundert, *T. Krishnamacharya*, dessen engster Schüler und Sohn T.K.V. Desikachar war, zum anderen durch die bewußte Beschränkung auf eine *Einführung* in den Text.

Eine „Einführung“
Vorliegende Übertragung versteht sich ausdrücklich als eine *Einführung* in das Yoga Sûtra. Sie gibt damit einen ersten umfassenden Überblick über die wesentlichen Aussagen und Konzepte der einzelnen Sûtren. Diese Beschränkung machte eine so kurz gefaßte Übersetzung des Textes überhaupt erst möglich. T.K.V. Desi-

kachars Übertragung versucht immer der Tatsache Rechnung zu tragen, daß der Begegnung mit dem Yoga Sûtra durch dieses Buch vielleicht weitere folgen werden. Sie hält stets die Frage im Auge: Was ist der wichtigste Gedanke des jeweiligen Sûtras für die Entwicklung eines Verständnisses für den ganzen Text? Jedes Sûtra trägt natürlich noch viele weitere Aspekte, Inhalte und Konzepte. Kein Versuch, sie in einem Buch einigermaßen erschöpfend darzustellen, konnte der Tiefe von Patañjalis Versen je gerecht werden. Deshalb wurde oft ganz bewußt darauf verzichtet, nach einer buchstäblichen Übersetzung zu suchen. Die einzelnen Sûtren werden tatsächlich vor allem als jene Überschriften über ein bestimmtes Thema verstanden, als die sie ursprünglich verfaßt wurden und von denen schon die Rede war. Auch wenn dies die Erwartung an eine jedes einzelne Wort diskutierende Darstellung des Yoga Sûtra enttäuschen mag, hat ein solches Vorgehen doch den unschätzbaren Vorteil, einen verständlichen und nachvollziehbaren Eindruck der Gesamtschau des Yoga Sûtra zu vermitteln und darüber hinaus ein Gefühl dafür zu entwickeln, welche Inspiration diesem Text über die Jahrhunderte seine große Bedeutung gab. Ein solcher Eindruck, ein solches Gefühl läßt sich sonst nur durch ein ausführliches Studium bei einer kompetenten Lehrerin, einem kompetenten Lehrer erfahren.

T. Krishnamacharya

Patañjalis Yoga Sûtra ist ein Werk, das aus der Reflexion und Wertschätzung einer schon zu Zeiten seiner Niederschrift jahrhundertealten *Praxis* entstanden war. Um das Yoga Sûtra in seiner zutiefst praktischen und gleichzeitig spirituellen Dimension zu verstehen und für die heutigen Generationen verfügbar zu machen, bedurfte es deshalb vor allem anderen eines Menschen, der einerseits ganz in dieser Praxis des Yoga steht, gleichzeitig aber auch über eine profunde und umfassende Kenntnis des Sanskrit, der vedischen Texte überhaupt, verfügt. Solch ein Mensch war T. Krishnamacharya.

Aufgewachsen in einer Familie, in der seit Generationen Yoga praktiziert wurde, kam T. Krishnamacharya sehr früh in Kontakt mit Yoga. Schon in sehr jungen Jahren beherrschte er fließend Sanskrit, die Sprache, die in Indien den Schlüssel zu allen wichtigen Schriften und philosophischen Systemen darstellt. Eine gute Ausbildung war zu seiner Zeit – er wurde 1888 geboren – gleichbedeutend mit einer perfekten Beherrschung des Sanskrit und dem Studium aller sechs indischen Weltanschauungen, den sogenannten Darshanas. Diese Ausbildung erhielt und vervollständigte er an den schon damals sehr bedeutenden Universitäten von Calcutta und Benares. Ein altes Bild zeigt ihn mit Doktorhut und Talar. Seine Qualitäten als Gelehrter stellte er oft – wie es damals üblich war – in akademischen Debatten mit anderen Gelehrten unter Beweis, und sein intellektueller Scharfsinn war ebenso geehrt wie gefürchtet.

Aber T. Krishnamacharya war auch ein Mann der Tat. Sieben Jahre lang lernte und praktizierte er nach Abschluß seiner akademischen Laufbahn bei seinem wichtigsten Lehrer, einem indischen Yogi namens Ramamohân Brahmâchâri, in Tibet, am Fuß des Berges Kailash. Dieser Lehrer – so sagte er später – sei es gewesen, der ihm neben seinem umfassenden Wissen der gesamten Yogapraxis auch die wirkliche Bedeutung und die Inhalte des Yoga Sûtra vermittelt habe. Ramamohân Brahmâchâri war es auch, der ihn Grundlagen des Ayurveda, der indischen Heilkunst, lehrte und ihm zuriet, anstelle einer Gelehrtenkarriere den Gedanken des Yoga weiterzutragen.

Nach seiner Rückkehr aus dem Himalaja studierte Krishnamacharya zunächst die Kunst des Ayurveda, um sich dann als Yogalehrer und Heiler in Mysore, seiner Heimatstadt im Süden Indiens, niederzulassen und eine Familie zu gründen. In den dreißiger und vierziger Jahren führte er eine Yogaschule im Palast des Maharadjas von Mysore, der selbst ein sehr ernsthafter Yogaschüler wurde. Bekanntere Schüler T. Krishnamacharyas aus dieser Zeit sind B.K.S. Iyengar und Pathabi Jois. Anfang der fünfziger Jahre siedelte er mit seiner Familie nach Madras um, wo mehr und mehr westliche Schüler und Schülerinnen ihn aufsuchten. Indra Devi, Yvonne Millerand und Gérard Blitz waren unter den ersten. Als Heiler, der mit Hilfe von Ayurveda und Yoga in weiten Kreisen der Madras-Gesellschaft wirkte, war Krishnamacharya sehr gefragt. Seine Kompromißlosigkeit bezüglich der Inhalte gleichermaßen wie seine Liberalität im Umgang mit den heiligen Texten der Inder, den Veden, war in indischen gebildeten Kreisen sprichwörtlich. Bis kurz vor seinem Tod in seinem 101. Lebensjahr 1989 lehrte und inspirierte T. Krishnamacharya seine Umgebung mit großem Herzen und klarem, wachem Verstand.

T.K.V. Desikachar
Es gibt kaum etwas Schwierigeres, als einen Text von solch sublimer Tiefe einfach, lebendig und in moderner Sprache zu vermitteln. Andererseits wird *nur* eine solche Vermittlung dem Sinn und Anspruch des Yoga gerecht. T.K.V. Desikachar hat über die drei Jahrzehnte, die er mit seinem Vater und Lehrer T. Krishnamacharya lebte und lernte, das Yoga Sûtra viele Male ausführlich studiert. Was zu seinem Verständnis dieses großen Textes aber mindestens genauso beigetragen hat, war das *Erleben* der praktischen Bedeutung und Anwendung der Verse Patañjalis durch die Begleitung und Beobachtung seines Lehrers, wie er nie müde wurde zu betonen. Jemand wie T.K.V. Desikachar, der in seiner Heimatstadt Madras einen Ort schuf, wo Menschen, die Hilfe unterschiedlichster Art suchten, Yoga kennen- und für ihre Probleme nutzen lernen konnten, hat diesen Text zur Grundlage seiner breit gefächerten Arbeit genommen und kannte ihn, wie man im Englischen so schön sagt, „by heart", aus dem Herzen heraus. Unzählige Male hat er den verschiedensten Menschen die großen Gedanken des Textes von Patañjali so nahegebracht, dass sie für jeden einzelnen von ihnen eine persönliche Bedeutung bekommen konnten.
Seine eigene Erfahrung westlicher Kultur und westlichen Denkens, die er seit den sechziger Jahren zunächst als Lehrer J. Krishnamurtis in England und in der Schweiz, später mit seinen zahlreichen westlichen Schülern in Europa und USA sammeln konnte, macht ihn als Vermittler gelebter Yogatradition für uns so wertvoll. T.K.V. Desikachar hat als Lehrer vieler Schüler im Westen wie im Osten einen Weg gefunden, diesen alten Text *allen*, die er darin unterrichtet hat, zugänglich zu machen.
Eine *Einführung* in den Text zu geben heißt für ihn – wie er in seinem Vorwort schreibt –, denen einen Anfang zu ermöglichen, die

sich tiefer mit dem Text auseinandersetzen möchten. Daß dafür schließlich die persönliche Begleitung durch einen Lehrer, eine Lehrerin nötig wird, ist seine tiefe Überzeugung. So kann und soll auch dies vorliegende Buch eine Lehrerin, einen Lehrer nicht ersetzen. Um die Anregung, die Inspiration wissend, die die Lektüre dieses großen Textes sein kann, war es ihm jedoch ein Anliegen, diese Einführung einer größeren Anzahl von Menschen bekannt zu machen.

Zu der vorliegenden Übersetzung ins Deutsche

Die schwierige Aufgabe, dieses Buch ins Deutsche zu übersetzen, hat Beatrice Müller auf sich genommen, und es ist ihr ausgesprochen gut gelungen, das knappe Englisch des Originals in eine ansprechende deutsche Form zu übertragen. Im Rahmen ihrer Übersetzung nahm sie in Absprache und Zusammenarbeit mit T.K.V. Desikachar einige Veränderungen zur englischen Fassung vor. So findet man in der vorliegenden deutschen Ausgabe viele der verschiedenen Sûtra-Abschnitte durch eine kurze Einleitung eingeführt (durch *kursive* Schrift erkennbar), die das Thema des jeweiligen Abschnitts entwirft. Auch wurden bei verschiedenen Aphorismen Beispiele verändert, neue kamen hinzu; dies alles, um den Zugang zu dem Text möglichst praktisch zu gestalten und den Lesern und Leserinnen damit zu erleichtern.

Wir wünschen uns sehr, daß die vorliegende Übersetzung vielen Menschen helfen möge, ihr persönliches Erfahren und Handeln zu reflektieren, besser zu verstehen und da, wo sie es möchten, auch zum Besseren hin zu verändern.

Berlin, im Juli 1997

Martin Soder und Imogen Dalmann

Kapitel 1

samādhipādaḥ

Das erste Kapitel von Patañjalis Yoga Sûtra heißt samādhipāda, das Kapitel über samādhi.

Zu Beginn dieses Kapitel definiert Patañjali, was er unter Yoga versteht. Wir erfahren, daß es im Yoga um eine positive Veränderung unseres Geistes geht. Patañjali wählt das Wort citta, um jenes Feld in uns zu beschreiben, auf welchem sich Wahrnehmung, Erinnerungen, Gefühle, Empfindungen, Gedanken und Phantasien abspielen. Citta wird im folgenden mit dem Begriff „unser Geist" wiedergegeben.

Unser Geist ist nicht immer in der gleichen Art und Weise aktiv. Sein Zustand ist stets veränderlich und von unterschiedlicher Qualität. Wir können unseren Geist zum Beispiel als klar, als unruhig oder als träge erleben. Nach Patañjali bestimmt die Qualität, aus der heraus der Zustand unseres Geistes in einem gegebenen Augenblick wirkt, wie wir uns selbst und die Welt sehen, und welchen Einfluß das Gesehene auf uns nimmt. Wenn wir traurig oder depressiv sind, spüren wir nicht, wie wohltuend sich die Wärme eines Sonnenstrahls auf unserem Körper anfühlt, und die von Herzen kommenden Worte einer Freundin oder eines Freundes können in uns nicht widerhallen. Sind wir dagegen frohgemut und zuversichtlich, fällt es uns leicht, uns mit anderen Menschen zu freuen, und selbst ein grauer verregneter Novembertag mag uns lieblich erscheinen.

Das erste Kapitel beschreibt, welche unterschiedlichen Qualitäten unser Geist annehmen kann und in welcher Weise wir davon beeinflußt sind. Patañjali sagt, daß wir das Wirken unseres Geistes positiv verändern können. Er gibt konkrete und praktische Hinweise, wie eine solche Veränderung möglich ist und wie wir dadurch glücklicher leben können.

Außerdem werden im ersten Kapitel des Yoga Sûtra Hindernisse erläutert, die uns auf diesem Weg begegnen können, und Möglichkeiten aufgezeigt, wie wir mit ihnen sinnvoll umgehen können.

Der letzte Abschnitt dieses Kapitels erörtert schließlich, in welchen Schritten sich in unserem Geist Klarheit und Erkenntnisfähigkeit entwickeln.

Patañjali führt uns in den Text ein.

1.1.

Das Yoga Sûtra beginnt so, wie es in der traditionellen mündlichen Überlieferung Indiens üblich war. **Atha**, das Wort, mit dem Patañjalis Text beginnt, trägt in der alten Sanskritliteratur oft den Charakter einer Bitte. In dieser Bitte drückt sich der Wunsch aus, daß die nun bevorstehende Aufgabe, das Weitergeben der Lehre des Yoga, unter günstigen Vorzeichen beginnen und erfolgreich zu Ende gebracht werden möge.

atha yogānuśāsanam

Hier nun beginnt der Text, der uns Erläuterungen zum Yoga überliefert.

Durch die für das erste Sûtra gewählten Worte wird deutlich, daß der Ursprung der Lehre des Yoga in uralter Zeit liegt und nicht von Patañjali erfunden wurde. Darüber hinaus weisen die Worte darauf hin, daß Patañjali sich gründlich und unter Anleitung mit der Lehre des Yoga auseinandergesetzt hat und sich jetzt in der Lage sieht, sie mit seinen Schülern zu teilen. Patañjali hat das Yoga Sûtra so verfaßt, daß es diesen Schülern als Leitfaden für ihr eigenes späteres Unterrichten dienen kann, so wie es im Rahmen der Tradition einer kontinuierlichen mündlichen Überlieferung üblich ist.

Der Begriff Yoga läßt viele Interpretationen und Assoziationen zu. Im zweiten Sûtra definiert Patañjali sein Verständnis von Yoga. Yoga bedeutet für ihn das Erreichen einer ganz bestimmten Qualität unseres Geistes.
Der menschliche Geist ist in seinem üblichen Zustand einem Affen vergleichbar, der ungestüm und rastlos von einem Ast zum nächsten hüpft, oft unfähig, auch nur für ein paar Augenblicke ruhend zu verweilen. Es ist aber möglich, die Rastlosigkeit und Unruhe in unserem Geist in Ruhe und Klarheit zu verwandeln. Ruhe und Klarheit bedeuten weder Stillstand noch Leere. Yoga heißt nicht, daß wir nicht mehr aktiv sind oder daß sich in uns nichts mehr regt. Mit Yoga wird vielmehr eine Aktivität unseres Geistes von ganz besonderer Qualität beschrieben. Eine Qualität, die nicht gewöhnlich, aber durchaus erreichbar ist, und die uns hilft, Dinge und Situationen in einem neuen Licht zu sehen und zu erfahren und besser zu verstehen.

1.2.
Patañjali definiert Yoga.

yogaścittavṛttinirodhaḥ

Yoga ist die Fähigkeit, sich ausschließlich auf einen Gegenstand, eine Frage oder einen anderen Inhalt auszurichten und in dieser Ausrichtung ohne Ablenkung zu verweilen.

Es kann sich dabei um einen konkreten Gegenstand handeln, der sich außerhalb von uns befindet, oder aber um etwas, das Teil von uns selbst ist. Wir können uns in unserer Ausrichtung auch einer Frage zuwenden, einem Konzept, oder aber zu etwas hin, das jenseits unserer sinnlichen Wahrnehmung liegt, zum Beispiel Gott.

1.3.
In dem folgenden Sûtra beschreibt Patañjali, was im Zustand von Yoga geschieht.

tadā draṣṭuḥ svarūpe 'vasthānam

Dann scheint in uns die Fähigkeit auf, etwas vollständig und richtig zu erkennen.

Im Zustand von Yoga verlieren sich all die vorgefaßten Meinungen und Vorstellungen, die uns daran hindern, wirklich zu verstehen. Wir lassen ab von unseren Vorurteilen. Wir werden offen und haben zum Beispiel auf einmal die Möglichkeit, einen anderen Menschen in all seiner Tiefe, in seiner Freude und in seinem Leid zu erkennen und von seinem Wesen berührt zu sein.

1.4.
Patañjali erläutert nun jene Situation unseres Geistes, die im allgemeinen unseren Alltag bestimmt.

vṛttisārūpyamitaratra

Normalerweise wird die Fähigkeit, etwas wirklich zu verstehen, einfach ersetzt durch Konzepte, die sich unser Geist von einem Objekt macht oder durch das Fehlen jeglichen Verständnisses.

Was ist eigentlich unser Geist?

Die Sûtren 1.5. bis 1.11. erläutern die Struktur unseres Geistes. Unser Geist ist nur wahrnehmbar und verstehbar als die Aktivitäten, die in ihm herrschen. Die Aktivitäten des Geistes sind von unterschiedlicher Form und Ausprägung und befinden sich in einem ständigen Prozeß der Veränderung; manchmal nehmen wir Einfluß auf ihren Lauf, zu anderen Zeiten spielen sie ganz und gar ihr eigenes Spiel. Patañjali unterscheidet fünf Aktivitäten in unserem Geist. Sie sind es, die uns in der Welt leben und zurechtfinden lassen; durch sie entsteht in uns ein Bild von uns selbst und von den Dingen um uns herum.

1.5.
Patañjali definiert unseren Geist als die Bewegung, die in ihm stattfindet.

vṛttayaḥ pañcatayyaḥ kliṣṭākliṣṭāḥ

Wir können in unserem Geist fünf Aktivitäten unterscheiden. Jede von ihnen kann uns Probleme bereiten oder aber dazu beitragen, daß wir glücklicher werden.

Ob diese Aktivitäten uns guttun und uns auf unserem Weg unterstützen oder ob sie genau das Gegenteil bewirken und uns unglücklich und beengt fühlen lassen, können wir oft nicht sofort erkennen. Manche Wirkungen zeigen sich direkt und unmittelbar, andere kommen erst viel später oder auch nur indirekt zum Tragen.

1.6.
Die fünf Aktivitäten des Geistes werden aufgeführt:

pramāṇāviparyayavikalpanidrāsmṛtayaḥ

Richtige Wahrnehmung, falsche Wahrnehmung, Vorstellung, tiefer traumloser Schlaf und Erinnerung.

Jede dieser Aktivitäten im Geist besitzt ihre eigenen charakteristischen Züge. Die Aktivitäten können als solche einzeln erkannt werden, sie sind aber nicht immer sichtbar. Die Auswirkungen dieser Aktivitäten des Geistes auf unsere Verhaltensweisen und Haltungen, die Art und Weise, wie sie unser Leben bestimmen, all das verbindet sich zu dem, was wir unsere Persönlichkeit nennen.

1.7.
Nun werden die einzelnen Aktivitäten unseres Geistes definiert.

pratyakṣānumānāgamāḥ pramāṇāni

Richtige Wahrnehmung beruht auf direkter Beobachtung, auf Schlußfolgerungen und der Bezugnahme auf zuverlässige Quellen.

Unser Geist kann einen Gegenstand direkt mit Hilfe der Sinne wahrnehmen. Wenn die verfügbare Information ungeeignet oder nicht vollständig zugänglich ist für die direkte Sinneswahrnehmung, haben wir andere Mittel wie Logik und Erinnerung, die uns dazu dienen, die Wahrnehmung zu vervollständigen. Liegt etwas außerhalb unserer direkten Wahrnehmung, so können wir über zuverlässige Quellen, beispielsweise Texte oder eine vertrauenswürdige Person, indirekt ein Verständnis davon entwickeln. Auf diese Weise können wir auch Orte, Menschen oder Konzepte verstehen, die sich nicht in unserem Erfahrungsbereich befinden. Das Verstehen im Zustand von Yoga ist ein anderes als das, welches zu anderen Zeiten stattfindet. Es kommt der wahren Natur des zu erkennenden Gegenstandes näher.

1.8.

viparyayo mithyājñānamatadrūpapratiṣṭham

Falsche Wahrnehmung liegt dann vor, wenn das eigentliche Wesen des Wahrgenommenen nicht richtig erfaßt wird.

Falsche Wahrnehmung ist die Aktivität in unserem Geist, die unser Leben am meisten bestimmt. Sie zeigt sich darin, daß wir in unserer Möglichkeit, offen zu sein, eingeschränkt sind. Ein unter solchen Umständen gewonnenes Verständnis ist meist sehr oberflächlich. Oft resultiert es aus vergangenen Erfahrungen und Konditionierungen. Wir kennen beispielsweise einen Menschen seit vielen Jahren, haben uns ein Bild von ihm geformt und begnügen uns mit diesem Bild, das vielleicht nie oder aber nicht mehr auf diesen Menschen zutrifft. Unsere Fähigkeit, ihn bei einer neuen Begegnung ohne Vorurteile und falsche Interpretationen zu verstehen, ist begrenzt, und nur ausnahmsweise ist uns dies bewußt. Eine solche Wahrnehmung halten wir so lange für die richtige, bis uns günstigere Bedingungen zu einem späteren Zeitpunkt die tatsächliche Natur des Wahrgenommenen oder die wirklichen Zusammenhänge einer Situation enthüllen. So kann es passieren, daß wir jahrelang irrtümliche Bilder in uns tragen, ohne es zu bemerken.
Das Ziel der Yogapraxis ist es, die Ursachen der falschen Wahrnehmung zu erkennen und uns davon zu lösen. Wie das geschehen kann, wird uns im zweiten Kapitel noch genauer erläutert.

1.9.

śabdajñānānupātī vastuśūnyovikalpaḥ

Vorstellung basiert allein auf Worten, Bildern oder anderen Ausdrucksformen, während der Gegenstand selbst nicht vorhanden ist.

Hier also sind wir nicht direkte Beobachterinnen oder Beobachter. Worte und Bilder leiten unsere Phantasie und unsere Vorstellung und tragen so dazu bei, eine Situation, eine Frage, einen Gegenstand oder Gefühle zu verstehen. Worte in Form von Poesie vermögen uns manchmal tiefere Aspekte zu vermitteln, als es allein die Kraft der einzelnen Worte erlaubt. Auch Erinnerungen, Träume, körperliche Empfindungen und Gefühle lassen Vorstellungen in uns entstehen.

Die Vorstellungskraft ist die Aktivität unseres Geistes, die es uns ermöglicht, ein Ziel oder die Lösung eines Problems zu visualisieren, obwohl sie noch nicht Wirklichkeit geworden sind. Worte, Bilder oder andere Reize können allerdings auch Vorstellungen wachsen lassen, die uns in die Irre führen.

1.10.

abhāvapratyayālambanā tamovṛttirnidrā

Im Tiefschlaf dominiert in unserem Geist Schwere; alles andere, was unseren Geist sonst bewegt, ist in diesem Zustand nicht vorhanden.

Schlaf ist eine angemessene und zu gegebener Zeit notwendige Aktivität unseres Geistes. Schwere im Geist kann jedoch auch durch anderes, wie zum Beispiel Langeweile oder Erschöpfung verursacht sein.

1.11

anubhūtaviṣayāsaṁpramoṣaḥ smṛtiḥ

Erinnerung ist das Bewahren einer bewußten Erfahrung in unserem Geist.

Bewußte Erfahrungen hinterlassen in uns einen Eindruck und werden als Erinnerung gespeichert. Allerdings kann oft nur schwer unterschieden werden, ob eine Erinnerung dem Erlebten wirklich entspricht oder ob sie falsch, unvollständig oder womöglich reine Einbildung ist.

Die Existenz unseres Geistes wird uns durch all das, was ihn bewegt, vor Augen geführt. Diese Bewegungen sind eng miteinander verbunden und sehr vielschichtig. Abgesehen vom Tiefschlaf sollten die beschriebenen einzelnen Aktivitäten unseres Geistes als immer aufeinander bezogen verstanden werden und nicht als eine jeweils abgeschlossene Einheit mit ganz begrenzten Charakteristiken.

Wie können wir den Zustand von Yoga erreichen?

In den folgenden fünf Sûtren erfahren wir etwas über zwei grundsätzliche Aspekte des Yogaweges: das Üben und die Fähigkeit loszulassen. Wir werden nicht von heute auf morgen ohne jegliche Bemühung zu ganz anderen Menschen. Über Jahre und Jahrzehnte hinweg haben wir Erfahrungen gemacht, die ihre Spuren hinterlassen haben. Einige dieser Eindrücke helfen uns, das Leben zu verstehen und zu meistern, andere jedoch legen uns immer wieder Steine in den Weg und machen uns das Leben schwer. Um zu lernen, auch mit diesen zuletzt genannten Erfahrungen und Eindrücken umzugehen und die Kraft ihres Einflusses zu vermindern, müssen wir uns wirklich verändern wollen und die dafür notwendige Anstrengung auf uns nehmen. Anstrengung bezieht sich hier ganz konkret auf eine Übungspraxis, der wir regelmäßig nachgehen. Dabei kann es sich um Körperübungen, Atemübungen, Gebet, Rezitation oder andere meditative Übungen handeln. Als den zweiten notwendigen Aspekt des Yogaweges nennt Patañjali das Aufgeben von hinderlichen Konzepten und einengenden Verhaltensweisen. Nicht mehr festzuhalten an alten Mustern, die uns lange Zeit treue Dienste geleistet haben, können wir nicht erzwingen, auch dann nicht, wenn diese Muster uns längst sehr unliebsam geworden sind. Durch regelmäßige Yogapraxis und die daraus resultierenden Erfahrungen werden wir nach und nach das loslassen können, was uns einschränkt.

1.12.

abhyāsavairāgyābhyāṁ tannirodhaḥ

Durch Üben und durch die Fähigkeit loszulassen kann unser Geist den Zustand von Yoga erreichen.

Was sind die wesentlichen Aspekte des Übens einerseits und der Fähigkeit loszulassen andererseits?

In den beiden folgenden Sûtren werden die Qualitäten, die das Üben haben sollte, genannt.

1.13.

tatra sthitau yatno 'bhyāsaḥ

Üben bedeutet, daß wir eine passende Anstrengung auf uns nehmen mit dem Ziel, uns dem Zustand von Yoga anzunähern, ihn zu erreichen und aufrechtzuerhalten.

Die Übungspraxis sollte von einer kompetenten Lehrerin oder einem guten Lehrer erlernt und begleitet werden, damit unsere Bemühungen nicht in eine falsche Richtung gehen. Wichtig ist, daß die Lehrenden ein Verständnis von dem persönlichen und sozialen Hintergrund ihrer Schüler und Schülerinnen haben. Nur, wenn wir unter solchen Bedingungen regelmäßig üben, können wir Fortschritte machen.

1.14.

sa tu dīrghakālanairantaryasatkārādarāsevito dṛḍhabhūmiḥ

Eine Übungspraxis wird nur dann Erfolge zeigen, wenn wir sie über einen langen Zeitraum ohne Unterbrechungen beibehalten, wenn sie von Vertrauen in den Weg und von einem Interesse, das aus unserem Innern erwächst, getragen ist.

Bei vielen Menschen findet sich die Neigung, eine Übungspraxis mit Enthusiasmus und viel Energie zu beginnen und dabei nach schnellen Ergebnissen zu verlangen. Die bestehenden Zwänge des Alltags und der ungeheure Widerstand unseres Geistes gegenüber Veränderungen führen allerdings oft dazu, daß wir unseren Schwächen oder Gewohnheiten unterliegen und das eben gerade erst Begonnene ganz schnell wieder aufgeben. Dieses Sûtra betont die Notwendigkeit, dem Üben besonnen und mit einer positiven Einstellung zu begegnen; es wird immer Tage geben, an denen die Ausdauer schwerfällt, an denen alles andere uns spontaner in den Sinn kommt als das Üben. Wir sollten versuchen, Offenheit und Geduld in unsere Erwartungen fließen zu lassen, denn Veränderungen, die wir uns wünschen, benötigen oftmals viel Zeit.

1.15.

Entwickelt sich unser Üben auf diese Weise Schritt für Schritt, so werden wir bemerken, daß uns Dinge, die früher große Anstrengung gekostet haben, nun viel leichter fallen, und daß wir von äußeren und inneren Einflüssen unabhängiger werden.

dṛṣṭānuśravikaviṣayavitṛṣṇasya vaśīkārasaṁjñāvairāgyam

Schließlich können wir einen Zustand von Gelassenheit erreichen, der sowohl frei ist von Verlangen, das aufgrund unserer Sinneswahrnehmungen entstanden ist, als auch frei von Verlangen, das durch Bedürfnisse nach außerordentlichen Erfahrungen geweckt worden ist.

Aus einer regelmäßigen Übungspraxis können physische Kraft, Geschicklichkeit, größere Bewußtheit und Sensibilität erwachsen. Es ist verführerisch, diese neu entstandenen Fähigkeiten als Beweis für einen höheren Zustand unseres Geistes zu benutzen. Wenn wir ihnen zu große Wichtigkeit beimessen, laufen wir leicht Gefahr, das Ziel unseres Weges, die Klarheit im Geist, aus den Augen zu verlieren.

1.16.
Wenn ein Mensch in seinem Denken und Handeln zunehmend weniger von Verlangen bestimmt wird, dann geschieht noch mehr.

tatparaṁ puruṣakhyāterguṇavaitṛṣṇyam

Einem solchen Menschen enthüllt sich vollkommen sein wahres Wesen. Geschieht das, so werden ihn ablenkende Einflüsse, die aus ihm selbst erwachsen, und Einflüsse von außen nicht mehr stören.

Je offener und klarer der Blick für unser eigenes Selbst wird, je mehr es sich uns in seiner wirklichen Natur enthüllt, desto mehr entwickelt sich in uns die Fähigkeit loszulassen. Diese Form der Freiheit können wir nicht erzwingen, indem wir Wünsche und Verhaftungen einfach ignorieren oder unterdrücken. Tun wir das, so können wir sicher sein, daß diese Kräfte Wege finden werden, sich wieder in uns bemerkbar zu machen.

Wohin führt der Prozeß des Übens und Loslassens? Welche Wirkungen zeigen sich in unserem Geist?

In den nächsten beiden Sûtren sagt Patañjali, daß wir zunehmend klarer und umfassender verstehen werden, wenn wir den Weg des Yoga gehen.

1.17.
Zunächst erfahren wir, wie sich klares Verstehen schrittweise entwickelt.

vitarkavicārānandāsmitārūpānugamātsaṁprajñātaḥ

Ein Gegenstand oder eine Frage wird Schritt für Schritt verstanden. Zunächst ist das Verstehen eher oberflächlich. Es entwickelt sich mit der Zeit zu einem tieferen Verständnis, und schließlich ist es vollkommen und allumfassend. Im Augenblick eines solch tiefgründigen Verstehens empfindet ein Mensch ein Gefühl von reiner Freude. Er ist dann völlig mit dem Gegenstand oder der Frage verschmolzen und sich nichts anderem mehr bewußt.

Häufig sind wir in der Lage, oberflächliche und offensichtliche Aspekte eines Menschen, eines Gegenstandes oder einer Situation richtig zu erkennen. Verstehen bleibt aber so lange unvollkommen, bis wir zu der tiefsten Ebene vorgedrungen sind, und bis unser Wissen frei ist von jeglichem Irrtum. Ein solches Erkennen, das den Gegenstand in seiner Natur erfaßt, ist nur im Zustand von Yoga möglich.

1.18.
Nun wird zum Ausdruck gebracht, was geschieht, wenn unser Geist die höchste Ebene der Klarheit erreicht hat und dort verweilt.

virāmapratyayābhyāsapūrvaḥ saṁskāraśeṣo 'nyaḥ

Diesem Zustand sind Bemühung und Üben vorausgegangen. Die zu anderen Zeiten in unserem Geist herrschende Unruhe ist dann nicht mehr vorhanden. Allerdings ruhen Erinnerungen und Eindrücke, die wir aus der Vergangenheit mitbringen, weiterhin in uns.

Das Verstehen ist jetzt nicht mehr ein schrittweiser Prozeß, sondern es ist spontan und unmittelbar. Unsere Erinnerungen bleiben natürlich erhalten. Sie helfen uns weiter, unser Leben zu gestalten. Sie stellen jedoch keine Widrigkeiten mehr dar, die uns ablenken und hindern voranzugehen.

Muß denn jeder Mensch üben?

1.19.
Es gibt ein paar Ausnahmen in dieser Welt: Menschen, die mit ganz besonderen Fähigkeiten geboren werden, die sich nicht bemühen müssen und die nicht üben müssen, um den Zustand von Yoga zu erreichen.

bhavapratyayo videhaprakṛtilayānām

Einige Menschen werden so geboren, daß sie den Zustand von Yoga ohne Üben spontan erreichen.

Allerdings finden wir solche Menschen höchst selten. Als Vorbilder eignen sie sich wenig, weil wir ihren Weg nicht teilen können. Es kommt auch vor, daß diese Menschen ihre außerordentlichen Fähigkeiten wieder verlieren.

1.20.
Und was ist mit uns anderen? Patañjali beschreibt, wodurch es uns möglich ist, den Zustand von Yoga zu erreichen.

śraddhāvīryasmṛtisamādhiprajñāpūrvaka itareṣām

Es ist Vertrauen, das uns die notwendige Kraft gibt, Widerstände erfolgreich zu überwinden und weiterzugehen, ohne die Richtung aus den Augen zu verlieren.

Die Verwirklichung des Zieles des Yogaweges ist eine Frage der Zeit. Dieses Ziel besteht darin, die Fähigkeit zu entwickeln, den Geist ohne Ablenkung auf etwas ausgerichtet zu halten. Eine solche Ausrichtung führt nach einer gewissen Zeit zu einem klaren Verständnis des Gegenstandes.
Patañjali bezeichnet das, was einem Menschen den Mut gibt, in schwierigen Situationen zu handeln, als Vertrauen. Das Vertrauen, von dem Patañjali hier spricht, ist eine Überzeugung, die in der Tiefe unseres Herzens wurzelt. Es ist jenes tiefe Vertrauen, das uns auch dann die Kraft gibt weiterzumachen, wenn wir verzagt sind oder den Bezug zu unserem Ziel verloren haben. Wenn wir uns durch Fehlschläge nicht entmutigen lassen, sondern unsere Suche kontinuierlich fortsetzen, dann werden wir dieses Vertrauen in uns immer deutlicher spüren.

Haben wir alle den gleichen Zugang zu diesem Vertrauen?

In den zwei nächsten Sûtren wird erläutert, daß dieses tiefe Vertrauen sich im Leben verschiedener Menschen unterschiedlich ausdrücken kann.

1.21.

tīvrasaṁvegānāmāsannaḥ

Je stärker wir das Vertrauen in uns spüren und je intensiver unsere Bemühungen sind, desto näher rückt das Ziel.

1.22.

mṛdumadhyādhimātratvāttato 'pi viśeṣaḥ

Das Vertrauen, das Menschen empfinden, kann von geringer, mäßiger oder sehr starker Intensität sein. Auch bei demselben Menschen wechselt die Intensität, mit der er dieses Vertrauen in sich spürt, immer wieder.

Es ist offenkundig, daß nicht alle Menschen über die gleichen Möglichkeiten verfügen. Die Unterschiede lassen sich zurückführen auf kulturelle und familiäre Hintergründe; sie erklären sich aus den Fähigkeiten eines Menschen, seinen individuellen Umständen und den Begegnungen, die er im Laufe seines Lebens mit anderen Menschen hat.

Welche Wege und Mittel gibt es, um den Zustand unseres Geistes zu verändern?

Patañjali stellt uns jetzt ein erstes Mittel vor, um den Zustand von Yoga zu erreichen, die Hingabe an Gott. Für diejenigen, denen ein Gottvertrauen ganz selbstverständlich innewohnt, und auch für die, die es im Laufe des Lebens entwickeln, kann die Hingabe an Gott eine sehr wertvolle Hilfe sein, um die Hindernisse auf dem Yogaweg zu bewältigen.

1.23.

īśvarapraṇidhānādvā

Eine regelmäßige Gebetspraxis, die sich mit dem Gefühl der Hingabe an Gott verbindet, ermöglicht es sicherlich, den Zustand von Yoga zu erreichen.

Die Hingabe erwächst aus dem Gefühl, daß wir uns der Kraft Gottes vollkommen anvertrauen können. Patañjali sieht in der Hingabe an Gott eine Möglichkeit neben anderen, Verwirrung und Unruhe in uns zu verringern und Klarheit und innere Gelassenheit hervortreten zu lassen. Der Glaube an Gott ist für Patañjali keine Notwendigkeit auf dem Yogaweg. Aber er bietet uns dieses Konzept als mögliches Mittel gleich zu Anfang an; es steht uns frei, diesen Weg einzuschlagen.

Die folgenden drei Sûtren definieren, wie Gott im Kontext des Yoga Sûtra verstanden wird.

1.24.

kleśakarmavipākāśayairaparāmṛṣṭaḥ
puruṣaviśeṣa īśvaraḥ

Die Handlungen von Menschen beruhen normalerweise auf unvollkommener Einsicht und haben daher auch entsprechende Folgen. Für Gott gilt das niemals.

Gott ist das höchste Wesen, das niemals der Verkettung von innerer Unklarheit und daraus resultierenden Handlungen und Erfahrungen, die wiederum Verwirrung und Unruhe zur Folge haben, unterworfen war und ist.

1.25.
Warum ist Gott so außergewöhnlich?

tatra niratiśayaṁ sarvajñabījam

Er ist allwissend und der Ursprung allen Wissens.

Seine Fähigkeit zu verstehen ist grenzenlos; sie geht weit über jegliches menschliches Verständnis hinaus.

1.26.

sa eṣa pūrveṣāmāpi guruḥ kālenānavacchedāt

Gott ist ewig. Er ist der erste aller Lehrer, die Quelle, die alle Lehrer leitet; dies gilt für die Vergangenheit, für die Gegenwart und für die Zukunft.

1.27.
Wie können wir uns an Gott wenden?

tasya vācakaḥ praṇavaḥ

Wir können Gott in einer Weise anrufen, die für uns seine Qualitäten am besten widerspiegelt.

Verschiedene Kulturen und Religionen kennen unterschiedliche Worte, um Gott und seine Eigenschaften zu beschreiben. In der indischen Tradition zum Beispiel drücken sich die Qualitäten Gottes durch den Laut OM aus. Entscheidend ist es, daß wir einen Ausdruck finden, Gott mit Respekt und mit Demut zu begegnen, ohne in Konflikte zu geraten. Dabei kann eine Lehrerin oder ein Lehrer eine große Hilfe sein.

1.28.
Wie können wir die Verbindung zu Gott herstellen?

tajjapastadarthabhāvanam

Um eine Beziehung zu Gott zu entwickeln, ist es notwendig, daß wir uns regelmäßig in einer ihm und uns entsprechenden Art und Weise an ihn wenden und uns dabei seine Qualitäten vergegenwärtigen.

Patañjali legt uns hier nahe, daß wir uns immer wieder die Eigenschaften Gottes ins Gedächtnis rufen mögen. Dies können wir unterstützen, indem wir im Zusammenhang mit Gebet und Kontemplation wiederholt die Worte rezitieren, die für uns die Qualitäten Gottes zum Ausdruck bringen. Rezitation und Gebet sollten von Achtsamkeit und tiefem Respekt getragen sein und nicht zu mechanischen Handlungen werden.

1.29.
Für Menschen, die Vertrauen in Gott haben, wird Rezitation und Kontemplation in der eben dargestellten Weise ganz sicher von großem Nutzen sein.

tataḥ pratyakcetanādhigamo 'pyantarāyābhāvaśca

Zu gegebener Zeit wird ein Mensch, der diesen Weg beschreitet, seine eigene wahre Natur erfahren. Hindernisse, die ihn auf seinem Weg beeinträchtigen könnten, verlieren ihre Wirkungskraft.

Welche Hindernisse können sich uns in den Weg stellen?

Patañjali führt neun Arten von Problemen auf, die der Entwicklung von Klarheit in unserem Geist entgegenwirken. Im Anschluß daran beschreibt er die Symptome, die in diesem Zusammenhang auftreten können. Oftmals ist es zunächst nur ein Gefühl von innerer Enge, ein Gefühl der Unfreiheit, welches uns bemerken läßt, daß irgend etwas nicht stimmt. Das auslösende Ereignis mag gerade stattgefunden haben oder aber weit zurückliegen. Auch wenn es oft schwerfällt zu erkennen, welcher Art das Hindernis ist, das einem Zustand von Bedrücktheit oder Verwirrung zugrunde liegt, ist es wichtig, daß wir diese Symptome ernst nehmen.

1.30.
Wenn Hindernisse auftreten, wie können sie aussehen?

vyādhistyānasaṁśayapramādālasyāvirati-
bhṛāntidarśanālabdhabhūmikatvāna-
vasthitatvāni cittavikṣepāste 'ntarāyāḥ

Krankheit, geistige Trägheit, übermäßiger Zweifel, fehlende Umsichtigkeit aufgrund von Hast, Erschöpfung, Ablenkung, Selbstüberschätzung, das Unvermögen, einen weiteren Schritt zu gehen, und die Unfähigkeit, das Erreichte zu bewahren; all die genannten Situationen werden als Hindernisse bezeichnet, weil sie zu Unklarheit in unserem Geist führen.

Je empfänglicher wir für diese Hindernisse sind, desto schwerer fällt es uns, Klarheit in unserem Geist zu erreichen.

1.31.
Nun werden die Symptome beschrieben, die als Folge der eben genannten Hindernisse spürbar werden können.

duḥkhadaurmananasyāṅgamejayatvaśvāsa-
praśvāsā vikṣepasahabhuvaḥ

Ein Gefühl von innerer Enge, ein Gefühl von tiefer Niedergeschlagenheit, eine Störung des harmonischen Gleichgewichtes körperlicher Funktionen oder die Unmöglichkeit, den Atem ruhig zu führen, gehen einher mit einem Geist, der in Probleme verwickelt ist.

Wie können wir Problemen, die uns hemmen und die einer Weiterentwicklung im Wege stehen, entgegentreten?

Ein Mittel zur Überwindung von Hindernissen wurde bereits genannt: die Hingabe an Gott. Die folgenden acht Sûtren machen weitere Vorschläge dazu. Sie bieten verschiedene Möglichkeiten an, da kein Mensch dem anderen gleicht und die Schwierigkeiten, mit denen ein Mensch umgehen muß, sehr unterschiedlich sein können. Mit den beschriebenen Mitteln können wir versuchen, unseren Spielraum zu erweitern und so schwierige Situationen besser zu meistern.

1.32.

tatpratiṣedhārthamekatattvābhyāsaḥ

Hindernisse können dann keine Wurzeln schlagen, wenn ein Mensch einen geeigneten Weg gefunden hat, Stabilität in seinem Geist zu entwickeln, und wenn er an diesem Weg festhält und sich bemüht, ihn zu gehen.

1.33.

Im täglichen Leben sehen wir um uns herum Menschen, die glücklicher sind als wir, und solche, die unglücklicher sind. Manche Menschen tun sehr wertvolle Dinge, andere verursachen ständig neue Probleme. Unsere Haltungen und Reaktionen in diesen Situationen können sehr unterschiedlich sein.

maitrīkaruṇāmuditopekśāṇāṃ
sukhaduḥkhapuṇyāviṣayāṇāṃ bhāvanātaśittaprasādanam

Wenn es uns gelingt, ein liebevolles Gefühl den Menschen gegenüber zu hegen, die glücklicher sind als wir, Mitgefühl mit denjenigen zu haben, die unglücklich sind, uns zusammen mit denen zu freuen, die etwas Wertvolles tun, und uns nicht durch Irrtümer anderer Menschen aus dem Gleichgewicht bringen zu lassen, wird in unserem Geist Ruhe einkehren.

1.34

pracchardanavidhāranābhyaṃ vā prāṇasya

Atemübungen, die eine Betonung und Verlängerung der Ausatmung einschließen, können dazu dienen, unseren Geist ruhiger werden zu lassen.

Patañjali gibt später genauere Hinweise, wie wir den Atem bewußt regulieren können.

1.35.

viṣayavatī vā pravṛttirutpannā manasaḥ sthitinibandhinī

Indem wir untersuchen, welche Rolle die Sinne in unserem Leben spielen, können wir Stabilität und Ausrichtung in unserem Geist erlangen.

Die Sinne sind die Tore der Wahrnehmung, und ihre Bedeutung für den Geist hat weitreichende Folgen. Nicht selten sind wir ihrem Wirken recht hilflos ausgeliefert. Um das Spiel der Sinne besser zu verstehen und um zu begreifen, welchen Einfluß sie auf unser Leben haben, kann es von Nutzen sein, ihre Tätigkeit zu erforschen. Möglicherweise gelingt es uns dadurch, unsere Sinne zu schärfen und sie häufiger in unseren Dienst zu stellen.

1.36

viśokā vā jyotiṣmatī

Oder wir wenden uns dem Licht in unserem Herzen zu, das von Leid unberührt ist.

Unser Blick wird weiter und offener werden, und wir werden Erleichterung für unseren unruhigen Geist finden, wenn wir uns auf Dinge ausrichten, die größer sind als unser individuelles Ich.

1.37.

vītarāgaviṣayaṃ vā cittam

Der Kontakt zu Menschen, die Hürden im Leben gemeistert haben, die uns noch unüberwindlich erscheinen, kann eine große Hilfe sein.

Manchmal finden wir Inspiration oder entdecken einen Ausweg aus einer erstarrten Situation allein dadurch, daß wir die Lebensgeschichte eines solchen Menschen lesen. Oder aber wir begegnen einer Person, die uns aufgrund ihrer eigenen Erfahrungen versteht und durch deren Rat und Beistand wir uns wieder in der Lage fühlen, den nächsten Schritt zu gehen.

1.38.

Wenn wir meinen, daß wir viel wüßten, haben wir leicht die Tendenz, arrogant zu werden. In der Tat ist es so, daß wir selbst in bezug auf die alltäglichsten Ereignisse nicht immer alles wissen und richtig verstehen.

svapnanidrājñānālambanaṃ vā

Das Erforschen unserer Träume und der Versuch, das bewußter wahrzunehmen, was wir im Zusammenhang mit dem Schlaf erleben, kann manchmal zur Klärung unserer Probleme beitragen.

1.39.

Patañjali beendet die Aufzählung der verschiedenen Mittel, die uns helfen können, auftretende Hindernisse zu überwinden, mit einem Vorschlag, der uns viele weitere Möglichkeiten öffnet.

yathābhimatadhyānādva

Wir können irgendeinen Gegenstand oder irgendeine Frage, die unser Interesse weckt, wählen und unseren Geist darauf ausrichten, um ruhiger und klarer zu werden.

Manchmal sind es ganz einfache Dinge, die uns unser Gleichgewicht wiederfinden lassen, wie beispielsweise der offene Blick eines Kindes. Manchmal klärt sich unser Geist durch das Betrachten der Natur oder aber durch die Visualisation eines Bildes. Dabei müssen wir jedoch immer im Auge behalten, daß es nicht darum geht, uns in etwas hineinzuvertiefen, das uns vom Wesentlichen ablenkt. Die Ausrichtung ist hier als ein Mittel zu verstehen, das uns wieder größere Klarheit und Ruhe im Geist finden läßt. Dadurch kann sich unsere Perspektive verändern, und wir können uns dem, was ansteht, mit einem frischen Blick und mit neuer Kraft zuwenden.

Was passiert, wenn wir alle Hindernisse überwinden und den Zustand von Yoga erreichen?

1.40.

paramāṇuparamamahattvānto 'sya vaśīkāraḥ

Wenn ein Mensch diesen Zustand erreicht hat, so gibt es nichts mehr, was außerhalb seines Horizontes liegt: Der Geist eines solchen Menschen ist fähig, einfache und sehr komplexe Inhalte zu verstehen, Dinge, die winzig klein sind, und solche von unendlicher Größe; und er erfaßt sowohl das, was im Bereich sinnlicher Wahrnehmung liegt, als auch das, was sich außerhalb davon befindet.

Wie entwickeln sich Klarheit im Geist und die Fähigkeit, richtig zu verstehen, und was geschieht im Verlauf dieses Prozesses?

Im folgenden wird beschreiben, was geschieht, wenn unser Geist fähig ist, sich auf einen Gegenstand hin auszurichten und sich nach und nach mit diesem Gegenstand vollständig zu verbinden. Das Objekt der Ausrichtung kann alles mögliche sein: eine Figur, ein Konzept, eine Frage, Gott und vieles andere mehr. Der Prozeß des Verstehens vollzieht sich Schritt für Schritt. Zunächst begreifen wir nur die oberflächlichen Aspekte. Im Laufe der Entwicklung wird unser Verständnis immer tiefer und klarer, und zuletzt kann ein Punkt erreicht werden, wo nichts anderes im Geist aufscheint als allein der Gegenstand unserer Ausrichtung. Dann verstehen wir wahrhaftig alles so, wie es tatsächlich ist und damit einhergehend offenbart sich uns unser eigenes innerstes Wesen.

1.41.

Was geschieht im Zustand von Yoga? Jede Meditation, jede Situation also, in der sich ein Mensch mit höchster Aufmerksamkeit einem Gegenstand, einer Frage oder einem anderen Inhalt zuwendet, ist immer ein Zusammenspiel von drei Anteilen: es gibt die Person, die sich ausrichtet, den Prozeß der Annäherung durch den Geist und das Meditationsobjekt. Nur wenn diese drei Aspekte sich miteinander verbinden, ist vollkommenes Verstehen möglich.

kṣīṇavṛtterabhijātasyeva maṇergrahītṛgrahaṇagrāhyeṣu
tatsthatadañjanatā samāpattiḥ

Wenn der Geist eines Menschen frei ist von Ablenkungen, ist er in all seiner Bewegung nur auf den einen Gegenstand der Meditation ausgerichtet. Verbleibt ein Mensch in diesem Zustand, so verbindet er sich mehr und mehr mit dem Gegenstand, bis er schließlich vollständig darin versunken ist. In diesem Augenblick spiegelt sein Geist wie ein glasklarer Diamant nur noch den Gegenstand in aller Vollkommenheit wider und sonst nichts anderes.

Anfänglich sind alle Aktivitäten unseres Geistes mit Ausnahme des Schlafes in diesem Prozeß beteiligt. Nach und nach wirken jedoch nur noch die Aktivitäten, die für ein fehlerfreies Verstehen benötigt werden.

1.42.
Ein solches Verstehen entwickelt sich schrittweise.

tatra śabdārthajñānavikalpaiḥ saṅkīrṇa savitarkā samāpattiḥ

Zunächst ist die Klarheit unseres Verstehens noch überlagert von dem, was wir über den Gegenstand und seine Bedeutung gehört haben, was wir über ihn wissen, und von den Vorstellungen, die wir über den Gegenstand haben.

Einiges von dem, was unser Wissen beeinflußt, mag keine Gültigkeit besitzen, anderes mag zutreffend und von Bedeutung sein.

1.43.

smṛtipariśuddhau svarūpaśūnyevārthamātranirbhāsā nirvitarkā

Bleibt unser Geist weiterhin auf das eine Objekt unserer Meditation ausgerichtet, so treten Vorstellungen und Erinnerungen nach und nach in den Hintergrund. Unser Geist wird kristallklar und wird eins mit dem Meditationsobjekt. In diesem Augenblick verliert sich das Empfinden für die eigene Person. Allein das Objekt erscheint in aller Klarheit vor uns.

1.44.

Auch hier ist der Prozeß, vollkommenes Verstehen zu entwickeln, nicht abgeschlossen. Bisher ist es möglich, die oberflächlicheren und gröberen Aspekte eines Gegenstandes oder eines Konzeptes klar zu erkennen. Das nächste Sûtra beschreibt, wie es weitergeht.

etayaiva savicārā nirvicārā ca sūkṣmaviṣayā vyākhyātā

Dieser Prozeß des Verstehens kann sich mit jedem möglichen Gegenstand entwickeln und dies auf jeder Ebene der Wahrnehmung, sei sie oberflächlich und allgemein, sei sie tief und spezifisch.

Auch auf einer Ebene, die uns noch viel tiefere und feinere Aspekte erkennen läßt, werden sich dem Verstehen zunächst Erinnerungen und Gedanken in bezug auf den Gegenstand der Meditation beimischen, um dann auch hier nach und nach zu verschwinden und klarem Erkennen zu weichen.

1.45.

sūkṣmaviṣayatvaṃ cāliṅgaparyavasānam

Mit Ausnahme der eigentlichen Quelle des Erkennens in sich selbst kann ein Mensch in diesem Zustand alles verstehen.

1.46.

tā eva sabījaḥ samādhiḥ

Für all die bisher beschriebenen Prozesse des Verstehens *(samādhi)* ***brauchen wir einen Gegenstand der Meditation, auf den wir unseren Geist ausrichten.***

Eine gute Vorbereitung, schrittweises Vorgehen und kontinuierliches Interesse sind für die oben beschriebene Entwicklung in der Meditation notwendig. Wenn wir der Vorbereitung keine Aufmerksamkeit widmen, haben unsere Bemühungen keine Grundlage. Gehen wir nicht Schritt für Schritt voran, sondern versuchen, zu große Sprünge zu machen, kann es passieren, daß unser menschliches System dagegen rebelliert. Ohne kontinuierliches Interesse werden andere Dinge immer wieder unsere Aufmerksamkeit erregen und den Prozeß des Verstehens unterbrechen.

1.47.

Welche Auswirkungen erlebt ein Mensch in bezug auf sich selbst, wenn er eine solche Klarheit und Tiefe in seinem Verstehen entwickelt hat?

nirvicāravaiśāradye 'dhyātmaprasādaḥ

In dem Maße wie das Verständnis von einem Gegenstand in der Meditation immer vollkommener wird, enthüllt sich einem Menschen sein wahres innerstes Wesen.

1.48.

ṛtaṃbharā tatra prajñā

Dann unterliegt das, was ein Mensch versteht und mit anderen teilt, keinem Irrtum mehr.

1.49.

śrutānumānaprajñābhyāmanyaviṣayā viśeṣārthatvāt

In diesem höchsten Zustand des Erkennens basiert das Wissen eines Menschen nicht länger auf Erinnerungen oder Schlußfolgerungen. Sein Wissen ist spontan und unmittelbar und von außerordentlicher Qualität und Intensität.

In solch einer Situation wird der Gegenstand der Meditation ohne jegliche Trübung durch unseren Geist wie durch einen glasklaren Spiegel reflektiert.

1.50.

tajjaḥ saṃskāro 'nyasaṃskārapratibandhī

Mit dem Wachsen der aus dem Yoga entstehenden neuen Tendenz des Geistes verlieren alle anderen Tendenzen, die auf falschem Verstehen beruhen, ihren Einfluß.

Das bedeutet jedoch nicht, daß wir unsere alten Muster vollständig hinter uns gelassen haben; sie schlummern noch immer in der Tiefe.

1.51.
Schließlich, wenn es je geschehen mag, gibt es noch einen weiteren Zustand.

tasyāpi nirodhe sarvanirodhānnirbījaḥ samādhiḥ

Hier trägt der Geist eines Menschen keine Eindrücke irgendwelcher Art mehr in sich. Er ist offen, klar und durchsichtig.

Dieser Zustand läßt sich nicht mit Worten beschreiben. Nur diejenigen, die ihn erfahren haben, können sein Wesen und seine Dimension verstehen.

Kapitel 2

sādhanapādaḥ

Sādhanapāda ist das Kapitel, in dem Yoga unter dem Gesichtspunkt des Übungsweges dargestellt wird. Patañjali hat hier die Menschen im Auge, die bemerkt haben, daß sie in ihrem Alltag mit allerlei Schwierigkeiten kämpfen, und die den Wunsch verspüren, einen Weg zu finden, mit ihren Problemen auf eine Art und Weise umzugehen, die ihnen weniger unangenehme Gefühle und leidvolle Erfahrungen einträgt, als das bisher der Fall ist. Das Kapitel setzt also genau dort an, wo wir uns befinden: in einer Situation, die dadurch gekennzeichnet ist, daß sich Augenblicke von Glücksgefühlen und Augenblicke von innerer Unfreiheit ein ständiges Wechselspiel liefern, ohne daß wir darauf allzu großen Einfluß haben. Patañjali stellt uns einen Weg vor, der die verschiedenen Ebenen des menschlichen Daseins berücksichtigt und uns helfen kann, uns und die Welt besser zu verstehen und uns so zu verhalten, daß wir zufriedener und glücklicher werden.
Zu Beginn des Kapitels definiert Patañjali drei Qualitäten, tapas, svādhyāya und īshvarapraṇidhāna, die die Grundlage des Yogaweges bilden. Durch die Verwirklichung dieser Qualitäten wird Yoga zu einem wirkungsvollen Übungsweg.

Es folgt eine Beschreibung der Ursachen, die uns immer wieder zu Unzufriedenheit und Leid führen. Fünf Ursachen für Leid werden unterschieden. Wenn man allerdings genau hinschaut, lassen sie sich alle auf eine einzige zurückführen: Es ist die Tatsache, daß wir Dinge, die die Welt und uns selbst betreffen, anders wahrnehmen und verstehen, als sie wirklich sind. Das beschert uns früher oder später Enge, Hader und Leid. Oft sind wir uns der Ursachen für unser Handeln nicht bewußt. Patañjali schlägt verschiedene Techniken vor, die uns helfen können, in schwierigen oder verfahrenen Situationen innezuhalten und Klarheit in unseren Entscheidungen zu finden.

Ebenso wie viele Lehrer anderer östlicher Traditionen unterscheidet Patañjali vier Aspekte bei der Lösung unserer Probleme. Yoga beginnt dort, wo ein Mensch bemerkt, daß er sich unglücklich und unfrei fühlt, und den Wunsch hat, etwas zu tun, um diesen Zustand zu verändern. Das ist der Ausgangspunkt für die Suche nach einem Weg. Als nächstes gilt es, die Ursachen für unsere Probleme herauszufinden. Drittens gibt es ein Ziel, das uns die Richtung weist, und viertens müssen wir Mittel finden, die uns helfen, Schritt für Schritt mit wachsender Ausgeglichenheit und Offenheit voranzugehen.

Der zweite Teil des Kapitels ist den aṣṭāṅga, den „acht Gliedern" des Übungsweges, gewidmet. Diese acht Aspekte umfassen alle Ebenen eines Menschen in seinem Prozeß der Veränderung durch Yoga. Die ersten fünf Glieder werden im zweiten Kapitel vorgestellt, die letzten drei im dritten Kapitel.

Welche Qualitäten bestimmen den Yogaweg?

Ein Weg wird dann zu Yoga, wenn sich drei Qualitäten in einem harmonischen Gleichgewicht miteinander verbinden und unsere Schritte leiten. Diese drei Qualitäten als eine Definition von Yoga können gleichsam als Überschrift für das gesamte zweite Kapitel verstanden werden.

2.1.

tapaḥsvādhyāyeśvarapraṇidhānāni kriyāyogaḥ

Unsere Yogapraxis muß drei Qualitäten vereinigen: Klärung, Selbstreflexion und Akzeptanz unserer Grenzen.

Yogapraxis sollte dazu führen, daß Hindernisse in unserem Geist und körperliche Blockaden abnehmen, daß ein Prozeß der Klärung und Reinigung in Gang kommt; sie sollte die Fähigkeit, uns selbst näher zu kommen, fördern, und sie sollte uns helfen zu verstehen, daß die Ergebnisse unseres Übens letztlich nicht in unserer Hand liegen. Wenn unser Üben nicht dazu beiträgt, unsere Probleme und ihre Ursachen zu verringern, wird es uns nicht darin unterstützen, uns unserem innersten Wesen zu nähern und ein klareres Gespür für die Qualität unserer Handlungen zu entwickeln. Je klarer und aufmerksamer wir jedoch durch eine Übungspraxis werden, desto mehr entsteht in uns das Bewußtsein, daß wir alle unsere Haltungen und Handlungen immer wieder überprüfen und ihre Folgen mit Offenheit annehmen müssen.

Wohin sollte die Yogapraxis einen Menschen führen?

2.2.

samādhibhāvanārthaḥ kleśatanūkaranārthaśca

Eine solche Praxis wird jene Kräfte in uns verringern, die Leid verursachen, und damit zu einer klareren Wahrnehmung führen.

Grundsätzlich ruht in uns allen das Potential, eine klare Wahrnehmungsfähigkeit zu entwickeln. Immer wieder jedoch gibt es etwas, das sich der Entwicklung dieser Fähigkeit in den Weg stellt. Patañjali nennt diese Hindernisse kleśa. Die kleśa sind tief in uns verankert und gehören von Beginn an zu unserem menschlichen Dasein. Sie drängen unsere Wahrnehmung und unser Verhalten immer wieder in eine Richtung, aus der Unzufriedenheit, Leid oder Gefühle von Enge und Unfreiheit entstehen.

Was hindert uns, Klarheit und Zufriedenheit zu erleben?

In den Sûtren 2.3. bis 2.9. erläutert Patañjali die Kräfte, die uns Leid verursachen. Er unterscheidet fünf kleśa.

2.3.

avidyāsmitārāgadveṣābhiniveśāḥ kleśāḥ

Die** kleśa **sind: falsches Verstehen, ein irrtümliches Verständnis von der eigenen Person, drängendes Verlangen, unbegründete Abneigung und tiefsitzende Unsicherheit.

2.4.

Nun wird Licht auf die Beziehung der kleśa untereinander geworfen. Patañjali hat sie in bestimmter Weise geordnet, und der Grad ihrer Ausprägung befindet sich in ständigem Wandel.

avidyā kṣetramuttareṣāṃ prasuptatanu
vicchinnodārāṇām

Falsches Verstehen ist der Ursprung all der anderen** kleśa. **Die** kleśa **treten nicht immer gleichzeitig und nicht immer gleich stark auf. Manchmal ruhen sie im Verborgenen, manchmal treten sie kaum merklich in Erscheinung, und zu anderen Zeiten können sie stark ausgeprägt oder beherrschend sein.

Nur wenn die kleśa stark wirksam sind, werden ihre Folgen für andere Menschen offensichtlich. Das bedeutet allerdings nicht unbedingt, daß sich in einer solchen Situation auch der betroffene Mensch dieser Auswirkungen bewußt ist.

In den nächsten fünf Sûtren werden die kleśa im einzelnen beschrieben.

2.5.

anityāśuciduḥkhānātmasu
nityaśucisukhātmakhyātiravidyā

Falsches Verstehen bewirkt, daß wir Vergängliches für ewig halten, Unreines für rein, Erfahrungen, die von innerer Unfreiheit gekennzeichnet sind, mit tatsächlichem Glück verwechseln und unser wahres Selbst nicht richtig erkennen können.

Falsches Verstehen führt zu einem oberflächlichen und fehlerhaften Verständnis des Charakters, des Ursprungs und der Auswirkungen dessen, was wir wahrnehmen. Die im Sûtra genannten Beispiele zeigen, daß sich falsches Verstehen auf sehr unterschiedliche Weise ausdrücken kann. Und es lassen sich zahllose Beispiele hinzufügen: Etwas, das uns einmal eine große Hilfe war, entpuppt sich jetzt als ein Problem. Eine Lehre, die wir eine Zeitlang für die wichtigste Richtschnur in unserem Leben halten, kann sich im Laufe der Zeit als nicht mehr sinnvoll für uns erweisen. Wir glauben, daß uns eine bestimmte Tätigkeit Spaß machen wird, müssen jedoch erkennen, daß sie uns sehr schnell lästig wird. Oder wir halten beispielsweise an der Vorstellung fest, ewig jung zu bleiben.
In dem Augenblick, wo die Kraft des falschen Verstehens wirkt, wissen wir nicht, daß unsere Wahrnehmung davon geprägt ist oder unsere Handlungen davon beeinflußt sind. Erst wenn wir wieder Klarheit gewonnen haben, wird es möglich, den Ursprung unseres Tuns und seine Folgen zu erkennen.

2.6.

Das folgende kleśa ist ein Ausdruck des falschen Verstehens in bezug auf die eigene Person.

dṛgdarśanaśaktyorekātmatevāsmitā

Wenn wir das Wirken in unserem Geist mit der Quelle wirklichen Verstehens in uns verwechseln, so erliegen wir einem falschen Verständnis von uns selbst.

Unsere Haltungen, Gefühle, Gedanken, die Rollen, die wir im Alltag einnehmen, verändern sich ständig. Sie werden durch unsere Umgebung, durch Menschen, mit denen wir in Berührung kommen, und durch innere Stimmungen beeinflußt. Dennoch denken wir oft, diese Haltungen, Gefühle oder Gedanken seien unveränderlich und identifizieren uns mit ihnen so sehr, als ob sie allein unsere gesamte Persönlichkeit ausmachten. Diese Tendenz, unsere Vorstellung von uns selbst nur mit den jeweils vorherrschenden Gedanken, Gefühlen und Fähigkeiten zu verbinden, führt zu einer Selbstbezogenheit, die sich sowohl in Egoismus und Selbstüberschätzung als auch in einem Minderwertigkeitsgefühl ausdrücken kann.

2.7.

sukhānuśayī rāgaḥ

Drängendes Verlangen entsteht aus einer freudvollen Erfahrung.

Das bedeutet nicht, daß jede freudvolle Erfahrung zu Begehren, Sucht oder krampfhaftem Festhalten führen muß.
Wenn uns ein Wunsch erfüllt wird, erleben wir einen Augenblick des Glücks. Oftmals glauben wir, daß wir dieses Hochgefühl dadurch erhalten könnten, daß wir mit aller Kraft daran festhalten. Verlangen entsteht aufgrund der irrtümlichen Annahme, daß die Wiederholung der gleichen Situation oder des gleichen Verhaltens zu andauerndem Glück führen würde. Auch das Ansammeln von materiellen Gütern und Geld bereitet häufig ein Gefühl der Freude und Zufriedenheit. So kann deren ständige Vermehrung für jemanden eine große Bedeutung erlangen, manch einem Menschen sogar unentbehrlich erscheinen. Dabei verstellt sich leicht der Blick auf das Wesentliche in unserem Leben und eine solche Haltung kann Ursache für späteres Unglücklichsein werden.

2.8.

duḥkhānuśayī dveṣaḥ

Unbegründete Abneigungen sind gewöhnlich das Ergebnis leidvoller Erfahrungen.

Wenn bestimmte Situationen und Dinge für uns in der Vergangenheit mit Gefühlen von Enge oder Bedrängnis verknüpft wurden, entwickeln sich daraus leicht Abneigungen, die auch ohne ihren ursprünglichen Anlaß fortbestehen können. Es ist aber keineswegs so, daß jede solche Erfahrung zu unbegründeter Ablehnung führen muß.

2.9.

svarasavāhī viduṣo 'pi samārūḍho 'bhiniveśaḥ

Tiefsitzende Unsicherheit ist ein angeborenes Angstgefühl vor der Zukunft. Es wohnt jedem Menschen inne, selbst dem Weisen.

Diese Unsicherheit bezieht sich auf die Ungewißheit, die der Zukunft immer eigen ist, und auf unsere Angst vor dem Tod. Der Ursprung dieses kleśa läßt sich schwer erkennen, und es ist möglicherweise das kleśa in unserem Geist, welches am schwierigsten zu überwinden ist.

Wie können wir mit den kleśa umgehen?

Nachdem Patañjali die kleśa vorgestellt hat, beginnt er in den beiden folgenden Sûtren damit, die Haltung zu beschreiben, die wir entwickeln müssen, um das Wirken der kleśa in unserem Geist zu vermindern.

2.10.

te pratiprasavaheyāḥ sūkṣmāḥ

In dem Augenblick, wo die *kleśa* ***scheinbar nicht vorhanden sind, ist es wichtig, wachsam zu sein.***

Die kleśa können jederzeit wieder aktiv werden. Allzu leicht passiert es, daß wir einen vorübergehenden Zustand von Klarheit mit einem andauernden Zustand verwechseln. Es ist sehr verführerisch, sich in solch einem Moment in der Annahme auszuruhen, daß von nun an die Ursachen von Leid in unserem Geist nicht mehr wirksam sein werden. Wir sollten vielmehr die Situation, in der die kleśa nicht mächtig sind, als Gelegenheit nutzen: Jetzt ist der Raum und die Möglichkeit gegeben, sie zu untersuchen und ihre Ursprünge zu klären.

2.11.

Für eine Situation, in der wir bemerken, daß die kleśa wieder auftauchen, schlägt Patañjali folgendes vor:

dhyānaheyāstadvṛttayaḥ

In dem Augenblick, wo das Wirken der *kleśa* ***für uns spürbar wird, sollten wir eine Möglichkeit suchen innezuhalten und nachzudenken, um die Einflußkraft der*** *kleśa* ***zu vermindern.***

Jedes Mittel, das uns hilft, solch eine Situation zu unterbrechen, und uns Abstand gewinnen läßt, ist in diesem Augenblick geeignet. Ein Gebet, ein Gespräch oder sogar eine Ablenkung können ermöglichen, daß wir innehalten und eine Situation von neuem überdenken. Patañjali machte schon im ersten Kapitel (Sûtra 1.23, 1.32-39) in diesem Zusammenhang einige Vorschläge, und es werden noch weitere folgen.

Warum müssen wir uns über die kleśa so viele Gedanken machen?

In den nächsten drei Sûtren ist die Rede davon, in welcher Weise die Ursachen von Leid in unserem Geist Einfluß auf unsere Wahrnehmung und unsere Handlungen nehmen. Der Zusammenhang zwischen den kleśa, davon beeinflußten Handlungen und ihren Auswirkungen ist nicht immer leicht zu durchschauen. Oft kommt erschwerend hinzu, daß Ursache und Wirkung einen sehr großen zeitlichen Abstand voneinander haben.

2.12.

kleśamūlaḥ karmāśayo dṛṣṭādṛṣṭajanmavedanīyaḥ

Unsere Handlungen und ihre Folgen werden von den** kleśa **beeinflußt. Einige Auswirkungen spüren wir unmittelbar, andere werden erst zu einem viel späteren Zeitpunkt erkennbar.

Die kleśa liegen in unserem Geist und in unserem Körper. All unsere Handlungen sind in irgendeiner Weise durch sie beeinflußt. Handlungen, die einer Situation entspringen, in der die kleśa sehr aktiv sind, haben unerwünschte Folgen, denn alle kleśa basieren auf falscher Wahrnehmung. Das bedeutet, daß wir in dem Augenblick, wo ein kleśa wirkt, die Wirklichkeit nicht so wahrnehmen, wie sie tatsächlich ist. Deshalb können auch die daraus entstehenden Handlungen nicht angemessen und die Schlußfolgerungen, die wir ziehen, nicht richtig sein.

2.13.

sati mūle tadvipāko jātyāyurbhogāḥ

Solange der Ursprung unserer Handlungen in den** kleśa **liegt, werden die** kleśa **diese Handlungen in jeder Hinsicht beeinflussen: in ihrer Ausführung, in ihrer Dauer und in den daraus entstehenden Folgen.

Kleśa können dazu führen, daß unsere Handlungen von mangelnder Qualität sind. Kleśa können unsere innere Haltung während des Handelns beeinflussen und das Andauern einer Handlung verlängern oder verkürzen. Schließlich können die kleśa dazu beitragen, daß die Ergebnisse unserer Handlungen schon bestehende Probleme verstärken oder gar neue entstehen lassen.

2.14.
Müssen wir daraus schließen, daß alle unsere Handlungen in irgendeiner Weise Probleme verursachen?

te hlādaparitāpaphalāḥ puṇyāpuṇyahetutvāt

Ob eine Handlung zu leidvollen oder aber glücklichen Erfahrungen führt, hängt davon ab, ob* kleśa *im Entstehungsprozeß oder während der eigentlichen Durchführung der Handlung eine Rolle gespielt haben oder nicht.

Sind die kleśa während des Planens und der Durchführung einer Handlung nicht aktiv, so steht uns die nötige Klarheit zur Verfügung, um eine passende Haltung einzunehmen und geeignete Wege für unser Handeln zu finden. Fehler und leidbringende Folgen werden vermieden. Sind die kleśa jedoch aktiv, dann ist unser Geist nicht klar genug, um richtig wahrzunehmen. Entsprechend werden unsere Handlungen und ihre Auswirkungen schließlich mit großer Wahrscheinlichkeit in einem Gefühl der Unzufriedenheit enden.

Welche Bedingungen begünstigen das Entstehen leidvoller Erfahrungen?

2.15.
Das folgende Sûtra nennt vier Umstände, die besonders geeignet sind, das Wirken der kleśa in unserem Geist zu verstärken.

pariṇāmatāpasaṃskāraduḥkhairguṇavṛttivirodhācca duḥkhameva sarvaṃ vivekinaḥ

Die Tatsache der Veränderung des von uns Wahrgenommenen, das Verlangen, angenehme Erfahrungen zu wiederholen, die starken Auswirkungen von in der Vergangenheit entstandenen Mustern und Veränderungen im Individuum selbst, all das kann Leid zur Folge haben.

In uns selbst und in allem, was wir wahrnehmen, finden ständig Veränderungen statt. Diese Veränderungen werden von uns oft nicht bemerkt. Wir sträuben uns, Veränderungen, die nicht in unserem Sinne sind, anzunehmen. Auch der Wunsch, eine angenehme Erfahrung zu wiederholen, kann zu Leid führen, wenn er unerfüllt bleibt. Verhaltensmuster, die wir uns in der Vergangenheit angeeignet haben, können immer wieder starke Reaktionen in uns hervorrufen. Eingefahrene Strategien, mit denen wir Erlebnisse und Gefühle verarbeiten, können uns daran hindern, Situationen richtig einzuschätzen, und sie können, wenn sie sehr mächtig sind, den Spielraum unseres Gefühlserlebens erheblich einschränken. Alte Strukturen in uns sind auch für unsere Erwartungshaltungen verantwortlich, die uns oft Enttäuschungen verursachen. Als letztes wird das Wechselspiel der guṇa als ein Umstand angeführt, der zu Leid führen kann, wenn wir die Veränderungen der guṇa nicht verstehen und nicht beachten.

Der Auffassung der alten indischen Denker zufolge ist alles in dieser Welt gewoben aus drei grundlegenden Qualitäten, den guṇa. Sie werden als rajas, tamas und sattva beschrieben. Rajas ist die Eigenschaft, die das Bewegte, das Erregte kennzeichnet; tamas drückt das Stabile, das Träge, das Dunkle aus; sattva ist das Klare, das Lichte. Alle Erscheinungen, stoffliche und feinstoffliche einschließlich unserem Geist, setzen sich aus diesen drei guṇa in unterschiedlicher und sich verändernder Gewichtung zusammen. Die guna sind in ständiger Bewegung zueinander und diese Bewegung beeinflußt unseren Körper und Geist. Der Prozeß des Alterns zum Beispiel ist Ausdruck dieser Bewegung und Veränderung in den guṇa eines Menschen. Ein weiteres Beispiel ist ein unruhiger Geist; er läßt sich beschreiben als dominiert von rajas, dem guṇa der Bewegung.

Erkennen wir die Vielfalt all dieser Faktoren und gehen wir davon aus, daß andere Menschen, mit denen wir zusammentreffen, ähnlich komplizierte Strukturen haben, so wird deutlich, daß jede Situation die Möglichkeit in sich birgt, uns in Enge und Unzufriedenheit zu führen.

Wie können wir Lösungen für die vielen schwierigen Situationen in unserem Leben finden?

Die folgenden Sûtren entwickeln ein Konzept, das uns Auswege aus festgefahrenen Abläufen aufzeigt, an deren Ende immer wieder Erfahrungen von Leid und Hader stehen. Patañjali betont dabei die Notwendigkeit, sich in einen Prozeß zu begeben, der vier Schritte beinhaltet. Als erstes müssen wir anerkennen, daß wir uns in Schwierigkeiten befinden, und wir müssen die Gewißheit erlangen, daß wir diese Schwierigkeiten überwinden wollen. Zweitens gibt es Ursachen für unsere Probleme, und diese Ursachen gilt es zu ergründen. Als drittes müssen wir ein Ziel vor Augen haben, auf das wir uns ausrichten wollen, und zuletzt brauchen wir geeignete Mittel, um dieses Ziel zu erreichen.

2.16.

heyaṃ duḥkhamanāgatam

Wir sollten zukünftiges Leid im voraus erkennen und vermeiden.

Es muß alles getan werden, was uns dabei hilft, Enge und Leid zu verringern oder ihr Entstehen vorauszusehen. Patañjali stellt die Ursachen dar, die für das Aufkommen von Unzufriedenheit und Bedrängnis verantwortlich sind, und er sagt, was wir tun können, um unsere Fähigkeit zu verbessern, solche Entwicklungen vorauszusehen, zu verhindern, abzuschwächen oder sie zu akzeptieren. In Kürze läßt sich sagen, daß der Sinn unserer Yogapraxis darin besteht, leidvolle Erfahrungen zu vermindern, indem wir mehr Klarheit gewinnen. In der Sprache des Yoga bedeutet das zu lernen, die kleśa, die im dritten Sûtra dieses Kapitels aufgeführt werden, in ihrem Wirken zu bemerken und in Schach zu halten.

2.17.

Zunächst wird die wesentliche Grundlage jener Art von Handlungen beschrieben, die schließlich in Leid resultieren.

draṣṭṛdṛśyayoḥ saṃyogo heyahetuḥ

Die Ursache für Handlungen, die leidvolle Auswirkungen haben, liegt in unserer Unfähigkeit, zwischen dem, was wahrgenommen wird, und dem, was wahrnimmt, zu unterscheiden.

In jedem von uns gibt es eine Kraft, die erkennt. Diese Instanz ist gänzlich verschieden von unserem Geist, dem Körper, den Sinnen und all den anderen Dingen, die wahrgenommen werden. Oftmals können wir das eine nicht klar von dem anderen unterscheiden. Alles Wahrnehmbare wandelt sich ständig; allerdings entgehen uns die Veränderungen häufig. Unser Unvermögen, dies zu begreifen, kann in der Folge zu großem Leid führen, manchmal sogar ohne daß wir uns der Zusammenhänge dieser Entwicklung bewußt werden.

Was ist der Unterschied zwischen dem, was wahrnimmt, und dem, was Gegenstand der Wahrnehmung ist?

Das vorangegangene Sûtra siedelt die Ursache für menschliches Leid auf der Ebene der Wahrnehmung an.
Auch zu Patañjalis Zeit gab es in Indien verschiedene Weltbilder und gegenläufige Vorstellungen von den Phänomenen der Wahrnehmung und daher auch verschiedene Theorien über die Entstehensursachen von Leid. Patañjali schließt sich hier dem Weltbild des Sâmkhya an. Sâmkhya ist eines der wichtigen Denksysteme der indischen Tradition und sagt: Es gibt eine Kraft in jedem Menschen, die sich in ihrer Qualität von allem anderen, was existiert, unterscheidet. Diese Kraft befähigt uns zu Bewußtheit, sie ermöglicht das Wahrnehmen der Wirklichkeit. Sie nimmt zum Beispiel

Enge oder Schmerz wahr, ist aber selbst weder Enge noch Schmerz. Sie nimmt Freude und Glück wahr, ist aber selbst weder Freude noch Glück. Patañjali nennt diese Instanz in uns draṣṭṛ, *„das, was sieht", den „Seher". Die Wirklichkeit, die von* draṣṭṛ *wahrgenommen wird, wird als von ihm unabhängig existierend verstanden. Die Welt und all ihre Erscheinungen sind also gemäß der Philosophie des Sâmkhya und des Yoga real und nicht, wie andere Schulen in Indien lehren, ein Produkt, das sich unser Geist formt und das im Grunde illusionär ist.*

2.18.
Zuerst wird erläutert, was wahrgenommen werden kann.

prakāśakriyāsthitiśīlaṃ bhūtendriyātmakaṃ
bhogāpavargārthaṃ dṛśyam

Das, was wahrgenommen wird, umfaßt nicht nur äußere Objekte, sondern auch die Sinne und unseren Geist. Das Wahrnehmbare ist durch drei Eigenschaften charakterisiert: Trägheit, Bewegung und Klarheit. Die Auswirkungen, die sich aus dem ergeben, was wir wahrnehmen, können zwei verschiedene Richtungen nehmen. Das Wahrgenommene dient zum einen dem Zweck, erfahren zu werden, zum anderen kann es ein Mittel sein, die Fähigkeit zu entwickeln, klar zwischen dem Wahrgenommenen und dem Seher in uns zu unterscheiden.

Auch wenn hier andere Sanskritworte benutzt werden, um die drei Eigenschaften, die alles Wahrnehmbare charakterisieren, zu beschreiben, handelt es sich um die drei guṇa, die weiter oben im Kommentar zum Sûtra 2.15 erläutert worden sind. Die Art der Ausprägung der guṇa und der Grad ihrer Intensität wandeln sich stetig.

2.19.
Die Erörterung der Phänomene der Wahrnehmung findet mit dem folgenden Sûtra eine Unterbrechung. Wir erfahren etwas über die guṇa.

viśeṣāviśeṣaliṅgamātrāliṅgāni guṇaparvāṇi

Die** guṇa **entwickeln sich vom Ungeformten zum immer Differenzierteren.

Alles, was wahrgenommen wird, ist miteinander verbunden, weil es aus den drei guṇa gewoben ist. Mit diesem Sûtra verweist Patañjali auf das Entwicklungsmodell des Sâmkhya: Die verschiedenen Stadien der guṇa werden genannt und es wird damit erklärt, wie die Welt entsteht; sie entwickelt sich von dem Formlosen hin zu immer größerer Differenziertheit.

2.20.
Patañjali diskutiert das Wesen der erkennenden Instanz.

draṣṭā dṛśimātraḥ ṣuddho 'pi pratyayānupaśyaḥ

Der Seher ist von großer Reinheit und nicht dem Wandel unterworfen. Um wahrzunehmen braucht er aber immer die Hilfe des Geistes.

Folglich ist die Qualität der Wahrnehmung immer vom Zustand unseres Geistes beeinflußt. Der Geist ist das Instrument der Wahrnehmung. Ob wir wahrnehmen oder nicht, ob die Wahrnehmung richtig oder falsch ist, hängt vom Zustand unseres Geistes ab, so wie die Färbung eines Gegenstandes von der Farbe der Glasscheibe, durch die wir diesen Gegenstand sehen.
Unser Geist ist notwendiges Mittel, damit wir wahrnehmen können; die Kraft und Fähigkeit der Erkenntnis liegen jedoch tiefer.

2.21.

tadartha eva dṛśyasyātmā

Alles Wahrnehmbare erfüllt nur einen Zweck: Es ist dazu da, wahrgenommen zu werden.

Das bedeutet, daß unser Geist, unsere Gedanken, Gefühle, die Sinne und alle äußeren Gegenstände dazu dienen, vom Seher in uns wahrgenommen zu werden. In alten indischen Kommentaren wird der im Sûtra beschriebene Zusammenhang oft damit verglichen, daß auch ein Essen nicht um seiner selbst willen auf dem Tisch steht, sondern damit es vom Gast verzehrt wird.

2.22.

Ergibt sich daraus die Schlußfolgerung, daß unser Geist, die Sinne und alle anderen Objekte, die wahrgenommen werden können, nur existieren, wenn sie jemand wahrnimmt?

kṛtārthaṃ prati naṣṭamapyanaṣṭaṃ tadanyasādhāraṇatvāt

Das, was wahrnehmbar ist, existiert und erscheint unabhängig von den Bedürfnissen einer einzelnen Person; es ist ohne einen individuellen Bezug zu einem Menschen vorhanden. Etwas, das für einen Menschen gerade nicht von Bedeutung ist, kann für andere wichtig sein oder aber für denselben Menschen zu einem späteren Zeitpunkt wieder einen Zweck erfüllen.

Die Bedürfnisse eines Menschen verändern sich, daher verändert sich auch seine Wahrnehmung. Da die Menschen sehr verschieden sind, unterscheidet sich das, was die einzelnen zu bestimmten Zeiten brauchen, voneinander. Und natürlich hat das Bedürfnis des einen Menschen keine größere Berechtigung als das eines anderen. Patañjali betont hier, daß alles, was wahrgenommen werden kann, wirklich ist. Eine einfache Frage kann die Aussage des Sûtra noch einmal verdeutlichen: Verschwindet das Essen auf dem Tisch, wenn die Gäste, die wir eingeladen haben, nicht kommen?

2.23.
Nun wird Wahrnehmung noch einmal unter einem anderen Gesichtspunkt erläutert.

svasvāmiśaktyoḥ svarūpopalabhihetuḥ saṃyogaḥ

Alles, was wahrgenommen werden kann, gleich wie es sich auf das wahrnehmende Individuum auswirken mag, hat letztlich einen Sinn: Es kann uns ermöglichen, klarer zu unterscheiden zwischen dem Äußeren, dem Wahrnehmbaren und dem Seher in uns.

Manchmal scheinen Situationen sehr schwierig oder ausweglos zu sein; immer jedoch ist es unsere Reaktion, die über die Auswirkungen in uns entscheidet. Wenn es uns möglich ist, zwischen dem, was wahrnimmt oder sieht, und dem, was wahrgenommen oder gesehen wird, zu unterscheiden, so wird das Wahrgenommene, sei es eine Situation oder ein Gefühl, sei es Leid, seien es wir selbst oder etwas anderes, in die richtige Perspektive gerückt, und wir können sicher sein, daß wir über die Auswirkungen und den Einfluß auf uns bestimmen können.

Warum fehlt uns in vielen Situationen die Klarheit dieser Unterscheidungsfähigkeit? Wie kann sie in uns wachsen?

In den folgenden Sûtren werden uns die Schritte einer Lösungsstrategie dargelegt. Sie kann uns helfen, in schwierigen Situationen einen Weg zu finden.
Zunächst weist Patañjali noch einmal auf den Ursprung des Problems hin, die kleśa. Wenn wir mehr Glück und mehr innere Freiheit empfinden wollen, genügt es nicht festzustellen, daß wir uns nicht gut fühlen. Das ist der erste notwendige Schritt, dem ein zweiter folgen muß, und zwar das Bemühen, uns den Ursachen unserer Probleme anzunähern.

2.24.

tasya heturavidyā

Die Ursache für die Unfähigkeit, klar zu unterscheiden zwischen dem, was wahrnimmt, und dem, was wahrgenommen wird, ist das falsche Verstehen.

2.25.

tadabhāvātsaṃyogābhāvo hānaṃ taddṛśeḥ kaivalyam

In dem Maße, wie die Kraft des falschen Verstehens weniger wirkt, kann in uns Klarheit wachsen. Dieser Weg führt hin zu Freiheit.

Die Freiheit, von der hier die Rede ist, ist das letzte und höchste Ziel unserer Yogapraxis. Freiheit bedeutet, daß wir nicht mehr den Folgen des Wirkens der kleśa unterliegen und daß wir Handlungen vermeiden, die ablenkende oder störende Auswirkungen auf uns haben.
Dies ist das Ziel, an dem wir uns orientieren können und das wir brauchen, um aus Enge und Unzufriedenheit herauszufinden.

2.26.
Wie können wir diese Freiheit erlangen? Ist sie tatsächlich möglich?

vivekakhyātiraviplavā hānopāyaḥ

Es ist entscheidend, daß wir alle Mittel, die geeignet sind, so nutzen, daß sie in uns die Klarheit der Unterscheidungsfähigkeit hervortreten lassen.

Wenn wir einen Anfang gemacht haben, wird sich von dort aus unser Weg im Yoga weiterentwickeln. Allerdings ist eine ständige Bemühung erforderlich; eine Bemühung, die darauf ausgerichtet ist, das Wirken der kleśa in unserem Geist zu verringern.

2.27.

tasya saptadhā prāntabhūmiḥ prajñā

Das Erlangen von unterscheidender Klarheit ist ein Prozeß, der sich Schritt für Schritt entwickelt.

Der erste Schritt in diesem Prozeß besteht darin, daß wir verstehen, daß es in unserem Geist die kleśa gibt, die sich immer wieder vordrängen und unser Fühlen, Denken und Handeln beeinflussen und so dazu führen, daß wir leidvolle Erfahrungen machen.

Kann etwas getan werden, um das Wirken der kleśa in unserem Geist klarer zu verstehen und um eine Veränderung einzuleiten, die uns glücklicher und freier werden läßt?

*Patañjali beantwortet diese Frage mit der Darstellung eines Weges, der acht Glieder (*aṣṭānga*) miteinander verbindet und alle Dimensionen des menschlichen Daseins berücksichtigt. Für einige Aspekte dieses Weges finden wir klare Übungsanweisungen, andere dagegen werden vor allem als Qualitäten und Fähigkeiten beschrieben, die sich durch unser Üben im Laufe der Zeit entwickeln können.*

2.28.

yogāṅgānuṣṭānādaśuddhikṣaye jñānadīptirāvivekakhyāteḥ

Wir können Blockaden in unserem Geist schrittweise auflösen, indem wir die verschiedenen Aspekte des Yogaweges üben und uns mit den einzelnen Gliedern intensiv auseinandersetzen. Dann wird das Licht des Verstehens immer strahlender leuchten, und der Unterschied zwischen dem in uns, das erkennt, und dem, was dadurch wahrgenommen wird, erscheint immer offensichtlicher. Setzt sich diese Entwicklung fort, so können wir schließlich alles ohne jeglichen Irrtum verstehen.

Nur wenn durch unser Bemühen die kleśa in unserem Geist ihre Wirkungskraft verlieren, können wir eingefahrene Strukturen, die unser Denken und Verhalten beeinflussen, so verändern, daß sie nicht mehr unangenehme und unerwünschte Auswirkungen haben. Die Wolken, die unseren Geist trüben, müssen sich lichten, damit die klare Wahrnehmungsfähigkeit aufscheinen kann. Dann werden unsere Handlungen weder zu Bedauern noch zu Leid führen, und wir werden mehr und mehr mit uns selbst im Einklang sein und uns mit anderen Menschen wohlfühlen.

2.29.

yamaniyamāsanaprāṇāyāmapratyāhāra-
dhāraṇādhyānasamādhayo 'ṣṭāvaṅgāni

Die acht Glieder des Yogaweges werden aufgeführt:
- *Yama:* ***Unsere Haltung gegenüber unserer Umgebung***
- *Niyama:* ***Unsere Haltung gegenüber uns selbst***
- *Āsana:* ***Die Praxis der Körperübungen***
- *Prāṇāyāma:* ***Die Praxis der Atemübungen***
- *Pratyāhāra:* ***Das Nach-Innen-Richten der Sinne***
- *Dhāraṇā:* ***Die Fähigkeit, unseren Geist auszurichten***
- *Dhyāna:* ***Die Fähigkeit, unseren Geist kontinuierlich in einer Verbindung mit dem, was wir verstehen wollen, verweilen zu lassen***
- *Samādhi:* ***Die vollkommene Vereinigung mit einem Objekt, das wir verstehen wollen***

Die Reihenfolge, in der die Glieder des Yoga dargestellt werden, reicht von unserer Beziehung mit dem Außen hin zu einer sehr intensiven und tiefen Innenschau. Das bedeutet jedoch nicht, daß Yoga in dieser Reihenfolge geübt werden sollte. Es wird hier nicht eine bestimmte Abfolge von Schritten beschrieben, vielmehr werden die individuellen Neigungen und Fähigkeiten eines Menschen darüber entscheiden, welche Schritte zu welcher Zeit zu seiner Entwicklung das Beste beitragen können. Die acht Glieder des Yoga sind als eine Einheit zu verstehen, und sie wachsen gemeinsam, wenn sich ein Mensch auf dem Yogaweg weiterentwickelt.

Wie sind die Glieder des Yogaweges im einzelnen zu verstehen?

In den nun folgenden Sûtren werden die ersten fünf der im Sûtra 2.29 aufgeführten acht Yogaglieder diskutiert. Die Erörterung der drei letzten Glieder findet zu Beginn des dritten Kapitels statt.

2.30.

ahiṃsāsatyāsteyabrahmacaryāparigrahā yamāḥ

Yama, unsere Haltung gegenüber der Umgebung, wird folgendermaßen charakterisiert:
- Überlegtes und behutsames Umgehen mit allem, was lebt, besonders mit den Lebewesen, die hilflos sind oder die sich in Schwierigkeiten befinden
- Aufrichtige Verständigung durch Sprache, Gesten und Handlungen
- Nichtbegehren oder die Fähigkeit, uns von dem Wunsch nach Dingen, die uns nicht gehören, zu lösen
- Mäßigung in all unserem Tun
- Die Fähigkeit, uns auf das zu beschränken, was wir brauchen, und nur das anzunehmen, was uns zusteht

Der Umgang mit der Umwelt und mit anderen Menschen kann sich bei jedem von uns auf sehr unterschiedliche Art und Weise gestalten. Wie sich die Eigenschaften, die yama kennzeichnen, in jedem von uns ausdrücken, hängt mit unserem sozialen und kulturellen Hintergrund, mit unseren religiösen Vorstellungen, unseren Fähigkeiten und unserem individuellen Charakter zusammen. Immer jedoch ist unser Verhalten gegenüber der Umgebung ein Barometer für das Ausmaß des Wirkens der kleśa in unserem Geist. Unsere Umgehensweise mit anderen Menschen und mit der Umwelt spiegelt den Zustand unseres Geistes und unsere Persönlichkeitsstrukturen wider.

2.31.

jātideśakālasamayānavacchinnāḥ
sārvabhaumā mahāvratam

Lebt ein Mensch in vollkommener Übereinstimmung mit den* yama*, wird er niemals davon abweichen, egal welcher Berufung er folgt, an welchem Ort und zu welcher Zeit er lebt und welcher Art seine momentanen Umstände sind. So erfüllt er die höchste Stufe.

Mit einer solchen Haltung können wir nicht beginnen. Versuchen wir einfach so von heute auf morgen entsprechend der yama zu leben, so wird uns das nicht gelingen; immer wieder werden wir Entschuldigungen für irgendwelche Ausnahmen finden. Wenn wir uns jedoch bemühen, die Ursachen für falsche Sicht- und Verhaltensweisen herauszufinden, und wenn wir die zugrundeliegenden kleśa in unserem Geist erkennen, dann werden sich unsere Haltungen ganz natürlich und schrittweise verändern. Die kleśa werden an Kraft und Einfluß verlieren, und unser Umgang mit der Umwelt und unser Verhalten gegenüber anderen Menschen wird klarer und angemessener werden.

2.32.

śaucasaṅtoṣatapaḥsvādhyāyeśvarapraṇidhānāni niyamāḥ

Niyama, ***unsere Haltung gegenüber uns selbst, beinhaltet die folgenden Aspekte:***
- Reinheit, die sich auf unseren Geist, unseren Körper und unsere Umgebung bezieht
- Bescheidenheit und Zufriedenheit, die darauf beruht, daß wir mit dem glücklich sind, was wir haben, und nicht ständig etwas vermissen, das wir nicht haben
- Das Lösen von Blockaden in unserem Körper und Geist, indem wir in unserem Leben eine gewisse Disziplin einhalten; Disziplin bezieht sich hier vor allem auf Körper- und Atemübungen, auf unsere Ernährung, Schlaf und den Umgang mit Arbeit und Erholung
- Das Studieren und das wiederholte Überprüfen unserer eigenen Entwicklung
- Ehrfurcht gegenüber einer höheren Kraft oder das Annehmen unserer eigenen Begrenztheit im Vergleich zu der Allwissenheit Gottes

Ebenso wie die yama entwickeln sich auch die niyama Schritt für Schritt genau in dem Maße, wie wir unsere Fehler erkennen und in der Lage sind, Handlungen zu vermeiden, die auf falschen Einschätzungen basieren und leidvolle Auswirkungen zur Folge haben.

Wie können wir unsere Haltung anderen gegenüber überprüfen? Wie können wir mit möglichen Konflikten umgehen?

2.33.

vitarkabādhane pratipakṣabhāvanam

Wenn wir in einen Konflikt darüber geraten, wie wir uns verhalten sollen, kann es hilfreich sein, uns verschiedene andere Lösungswege vorzustellen und über die jeweils zu erwartenden Auswirkungen dieser Lösungsmöglichkeiten nachzudenken.

Wir müssen versuchen, innezuhalten und uns die Möglichkeit zu schaffen, die Folgen der verschiedenen Verhaltensmöglichkeiten zu durchdenken, um so den besten Weg in der jeweiligen Konfliktsituation herauszufinden.

2.34.
Die eben beschriebene Möglichkeit wird nun genauer ausgeführt.

vitarkā hiṃsādayaḥ kṛtakāritānumoditā
lobhakrodhamohapūrvakā mṛdumadhyādhimātrā
duḥkhājñānantaphalā iti pratipakṣabhāvanam

Von einer plötzlich aufkeimenden Strebung, in einer Situation entweder selbst verletzend zu reagieren oder aber eine andere Person dazu aufzufordern oder ihr dabei zuzustimmen, ist es zum Beispiel möglich, Abstand zu nehmen, indem man sich die leidbringenden Folgen eines solchen Vorgehens vergegenwärtigt. Oft beruhen diese sich aufdrängenden Verhaltensweisen auf Gier, Ärger oder falschen Einschätzungen. Egal, ob solche Handlungen von milder Art sind oder ob sie sehr heftig sind, immer werden sie leidvolle Gefühle und Mißverstehen zur Folge haben. Wir können versuchen, in einer geeigneten Atmosphäre die Situation zu überdenken und verschiedene Lösungswege zu erwägen, und so verhindern, daß wir in oben genannter Weise reagieren.

In vielen Augenblicken sind wir nicht klar in bezug auf unser Verhalten anderen Menschen gegenüber oder auch in bezug auf Entscheidungen, die wir für uns selbst treffen müssen. In solchen Fällen kann uns ein überstürzter Schritt in Situationen bringen, die wir uns nicht wünschen und die uns nicht gut tun. Wir sollten daher jede Möglichkeit zum Innehalten und Nachdenken ergreifen. Vorbeugen ist immer besser als mit den Folgen unüberlegter Handlungen umgehen zu müssen.

Woran können wir erkennen, daß das Verhalten eines Menschen sich an den yama und niyama orientiert?

Die folgenden Sûtren beschreiben, was geschieht, wenn ein Mensch die einzelnen yama und niyama verwirklicht hat. Gleichzeitig machen sie deutlich, welche Ereignisse im täglichen Leben darauf hinweisen, daß ein Mensch Fortschritte macht und mehr und mehr im Einklang mit den yama und niyama lebt.

2.35.

ahiṃsāpratiṣṭhāyāṃ tatsaṅnidhau vairatyāgaḥ

Je behutsamer ein Mensch handelt, desto mehr werden andere Menschen in seiner Gegenwart liebevolle Gefühle empfinden.

Selbst jene Menschen, die sonst unfreundlich sind, zeigen in Gegenwart einer Person, die sehr besonnen und behutsam im Umgang mit anderen und mit sich selbst ist, eine andere Seite von sich und sind freundlich.

2.36.

satyapratiṣṭhāyāṃ kriyāphalāśrayatvam

Jemand, der in einem sehr hohen Maße Wahrhaftigkeit in der Verständigung mit anderen entwickelt hat, wird in seinem Handeln ohne Fehler bleiben.

Die Fähigkeit zu haben, im Umgang mit anderen Menschen ehrlich zu sein, und gleichzeitig das Feingefühl zu besitzen, niemanden zu verletzen, erfordert eine innere Haltung von außergewöhnlicher Klarheit. Ein Mensch, der dies erreicht hat, macht keine Fehler, wenn er handelt.

2.37.

asteyapratiṣṭhāyāṃ sarvaratnopasthānam

Wenn ein Mensch nichts begehrt, was anderen gehört, so werden andere Menschen alles mit ihm teilen wollen, wie kostbar es auch immer sein mag.

Ganz selbstverständlich wird solch einem Menschen von allen Seiten Vertrauen geschenkt werden.

2.38.

brahmacaryapratiṣṭhāyāṃ vīryalābhaḥ

Durch Mäßigung wird ein Mensch die gesamte Kraft und Vitalität, die in ihm ruht, erfahren.

Wir verlieren nichts dabei, wenn wir uns in allen Dingen, die wir tun, um Mäßigung bemühen. Etwas mit zu großer Intensität zu verfolgen, kann Probleme verursachen. Andererseits tut es uns oftmals auch nicht gut, zu wenig Einsatz zu zeigen.

2.39.

aparigrahasthairye janmakathaṃtāsaṃbodhaḥ

Jemand, der sich auf das beschränken kann, was er braucht und was ihm zusteht, fühlt sich sicher. Ein solcher Mensch findet Zeit zum Nachdenken, und er wird ein vollkommenes Verständnis von sich selbst gewinnen.

Je mehr wir haben, desto mehr müssen wir uns um unseren Besitz kümmern. Die Zeit und Energie, die wir aufbringen, um neue Dinge zu erwerben, sie instand zu halten und uns gegebenenfalls über sie den Kopf zu zerbrechen, geht uns verloren für die Beschäftigung mit den grundlegenden Fragen des Lebens.

2.40.

śaucātsvāṅgajugupsā parairasaṃsargaḥ

In dem Maße, in dem sich Reinheit in uns entwickelt, werden wir übermäßige Sorge um die vergänglichen Aspekte unseres Körpers aufgeben und einen angemessenen Umgang im Kontakt mit anderen Menschen finden.

Innere Reinheit ermöglicht uns, klar zu unterscheiden zwischen dem, was unrein und vergänglich ist und daher unserer Pflege bedarf, und dem, was ewig rein ist. Das, was vergeht, ist das Äußere. Das, was nicht vergeht und immer rein ist, liegt tief in unserem Innern. Übermäßige Beschäftigung mit äußeren Dingen und starkes Anhaften wird sich im Laufe der Zeit durch das Wachsen von innerer Reinheit verlieren.

2.41.

Was hat die Entwicklung von Reinheit zur Folge?

sattvaśuddhisaumanasyaikāgryendriya-
jayātmadarśanayogyatvāni ca

Ein Mensch mit einem reinen Geist ist nicht von falschen Wahrnehmungsmustern aus der Vergangenheit negativ beeinflußt und kann sich ohne Ablenkung durch die Sinne auf ein Objekt ausrichten. Außerdem ist ein solcher Mensch fähig, über die tiefe Natur des individuellen Selbst, einschließlich der Quelle der Wahrnehmung, zu meditieren.

Äußere Dinge für das Wertvollste zu erachten und sie um jeden Preis erhalten zu wollen, ist ganz sicher nicht das Wichtigste im Leben. Es gibt da noch anderes, das unsere Aufmerksamkeit verdient. Schmutzige Kleider lassen eine Person häßlich erscheinen, aber Kleider kann man leicht wechseln. Wenn es jedoch tief in unserem Innern Trübes und Ungeklärtes gibt, läßt sich dies nicht so leicht verändern.

2.42.

saṃtoṣādanuttamaḥ sukhalābhaḥ

Tiefe Zufriedenheit läßt uns grenzenloses Glück erfahren.

Das Glücksgefühl, welches wir empfinden, wenn wir irgendwelche Dinge erwerben, ist immer nur von vorübergehender Natur. Wollen wir dieses Gefühl aufrechterhalten, so müssen wir ständig für Nachschub in irgendeiner Form sorgen. Das ist natürlich ein endloses Unterfangen. Echte Zufriedenheit bedeutet etwas ganz anders. Sie ist etwas sehr Besonderes und führt zu wirklicher Glückseligkeit.

2.43.

kāyendriyasiddhiraśuddhikṣayāttapasaḥ

Das Verringern von Hindernissen im Geist und Blockaden im Körper führt dazu, daß sich unsere körperlichen Funktionen in einem harmonischen Gleichgewicht befinden.

Körperliche und geistige Einschränkungen und Krankheiten können so vermindert werden.

2.44.

svādhyāyādiṣṭadevatāsaṃprayogaḥ

Durch intensives Studieren und Suchen nach Weisheit entwickelt sich eine Verbindung zu höheren Kräften. Dadurch entsteht in uns tiefes Verstehen selbst von äußerst komplexen Dingen.

Finden wir den richtigen Weg für unsere Suche nach Weisheit, so lernen wir, unsere Schwächen und Stärken klarer zu sehen und sie entsprechend zu vermindern oder zu verstärken. Das hat zur Folge, daß es für unser Verstehen schließlich keine Grenzen mehr gibt.

2.45.

samādhisiddhirīśvarapraṇidhānāt

Durch die Verehrung Gottes wächst die Fähigkeit in uns, jedes gewählte Objekt in seiner Vollkommenheit zu erkennen.

Gottesverehrung läßt in uns großes Vertrauen entstehen. Dadurch wird es uns möglich, den Geist auf jedes beliebige Objekt auszurichten.

Was ist unter der Praxis von āsana und prāṇāyāma zu verstehen?

Mit āsana und prāṇāyāma werden die folgenden zwei der acht Glieder des Yogaweges dargestellt. Es wird beschrieben, wie sie uns helfen können unseren Körper und Atem besser zu verstehen und richtig und angemessen zu gebrauchen. Mit diesen beiden Aspekten des Yogaweges läßt sich leichter beginnen als mit den bisher genannten Haltungen. Sie helfen den meisten Menschen, die anfänglichen Schwierigkeiten auf dem Yogaweg zu überwinden. Die Anweisungen, die Patañjali in Hinblick auf die Körperübungen und auch auf die Atemübungen gibt, sind kurz und knapp, weil sowohl āsana als auch prāṇāyāma unter Anleitung einer kompetenten Lehrerin oder eines kompetenten Lehrers gelernt werden müssen.

2.46

sthirasukhamāsanam

Āsana sollen gleichermaßen die Qualitäten Stabilität und Leichtigkeit haben.

Unter der Praxis von **āsana** sind Körperübungen zu verstehen. Wenn wir **āsana** richtig üben, darf Wachheit nicht zu Verspannung führen und Entspannung nicht zu Trägheit oder Schwere.

2.47.

prayatnaśaithilyānantasamāpattibhyām

Wir können uns diesen Qualitäten annähern durch eine passende Anstrengung und die Reduzierung der dabei auftretenden Spannungen einerseits und die Ausrichtung auf ânanta andererseits.

Ānanta, wörtlich „ohne Ende", ist nicht nur der Name jener Schlange, die in der Mythologie den Kosmos trägt und dabei weich genug bleibt, einem Gott als Schlafstatt zu dienen, sondern steht oft für die Beschreibung des unentwegt, ohne Ende fließenden Atems.

Eine Ausgewogenheit zwischen Stabilität und Leichtigkeit können wir erreichen, indem wir die Reaktionen unseres Körpers und Atems in den verschiedenen Körperhaltungen beobachten. Dadurch erlernen wir Schritt für Schritt einen achtsameren Umgang mit unserem Körper und Atem.

2.48.

tato dvaṅdvānabhigātaḥ

Wenn ein Mensch** āsana **auf die richtige Art und Weise übt, so hat das zur Folge, daß er auch durch extreme Einflüsse nicht aus dem Gleichgewicht gebracht wird.

Hier zeichnet sich der Beginn einer Verringerung der Auswirkungen der kleśa ab, wie etwa des falschen Verstehens. Unstimmigkeiten in unserem Geist finden oftmals körperliche Ausdrucksformen. Wenn wir auf eine richtige Weise Körperübungen praktizieren, so hilft uns das, die negativen Auswirkungen der kleśa auf der körperlichen Ebene zu verringern. Das, was uns hindert, den vielfältigen Herausforderungen des Lebens mit Klarheit und Flexibilität entgegenzutreten, nimmt ab. Empfinden wir dadurch ein größeres Wohlgefühl, so eröffnen sich weitere Möglichkeiten, uns selbst besser zu verstehen. Wenn wir beispielsweise Rückenschmerzen haben, ist unser ganzes Denken davon besetzt, Erleichterung zu finden. Gelingt es uns, durch das Üben von āsana die Schmerzen zu verringern, gewinnen wir die Freiheit, nach den Ursachen der Schmerzen zu forschen.

2.49.
Durch die Praxis von āsana können wir auch ein Verständnis von unserem Atem entwickeln. Atemprozesse sind sehr individuellen Veränderungen unterworfen. Unser Atem verändert sich entsprechend dem Zustand unseres Geistes und unserer körperlichen Verfassung. Veränderungen in unserem Geist und Veränderungen körperlicher Funktionen werden durch innere und äußere Faktoren beeinflußt. Das Wissen, das wir durch das Üben von āsana über unseren Atem gewonnen haben, bildet die Grundlage für die Praxis von prāṇāyāma.

tasminsatiśvāsapraśvāsayorgativicchedaḥ
prāṇāyāmaḥ

***Prāṇāyāma* bedeutet das Unterbrechen unbewußter Atemmuster. Das ist erst dann möglich, wenn die Praxis von âsana in einem gewissen Maß beherrscht wird.**

Prāṇāyāma ist die bewußte Regulierung des Atems. Durch diese Regulierung werden unbewußte Atemmuster unterbrochen und ersetzt. In der Regel wird prāṇāyāma in einer für uns angenehmen aufrechten Sitzhaltung praktiziert.

2.50.
Aus welchen Bestandteilen setzt sich prāṇāyāma zusammen?

bāhyābhyantarastambhavṛttirdeśakālasaṃkhyābhiḥ
paridṛṣṭo dīrghasūkṣmaḥ

***Prāṇāyāma* beinhaltet die Regulierung der Ausatmung, der Einatmung und der Atemverhaltung. Diese drei Prozesse werden reguliert, indem wir das Verhältnis ihrer Länge zueinander bestimmen, dieses Atemverhältnis über eine gewisse Anzahl von Atemzügen beibehalten, unseren Geist auf diesen Prozeß ausrichten und dadurch einen langen und gleichförmigen Atem erreichen.**

Es gibt im prāṇāyāma viele verschiedene Techniken und Kombinationsmöglichkeiten. Genauere Ausführungen darüber würden den Rahmen dieses Textes sprengen. Eine gute Lehrerin oder ein guter Lehrer ist unentbehrlich, um uns die Praxis von prāṇāyāma zu lehren.

2.51.
Im Zustand von Yoga kann eine noch andere Art des Atmens einsetzen.

bāhyābhyantaraviṣayākṣepī caturthaḥ

Das Überschreiten der bewußten Regulation der Ein- und Ausatmung wird als vierter der Prozesse des Atems bezeichnet.

Der Atem überschreitet dann die Ebene des Bewußtseins. Es ist nicht möglich, diese Situation mit Worten genauer zu beschreiben.

2.52.
Nun wird erläutert, was das Praktizieren von prāṇāyāma bewirkt.

tataḥ kṣīyate prakāśāvaraṇam

Die regelmäßige Praxis von** prāṇāyāma **verringert die Blockaden, die uns an einer klaren Wahrnehmung hindern.

2.53.

dhāraṇāsu ca yogyatā manasaḥ

Unser Geist ist nun gut vorbereitet und fähig für den Prozeß, sich auf ein gewähltes Ziel auszurichten.

Die nun folgenden beiden letzten Sûtren dieses Kapitels erklären den fünften Aspekt des Yogaweges. Hierbei handelt es sich um pratyāhāra, die Kontrolle der Sinne. Pratyāhāra ist ein Zustand, der sich als Ergebnis aus einer guten Praxis von āsana und prāṇāyāma entwickelt. In dem Maße, in dem Hindernisse und Blockaden in einem Menschen abnehmen, wird der Zustand von pratyāhāra zunehmend leichter entstehen.

2.54.

svaviṣayāsaṃprayoge cittasya svarūpānukāra ivendriyāṇāṃ pratyāhāraḥ

Pratyāhāra ***geschieht, wenn der Geist in der Lage ist, seine gewählte Richtung beizubehalten und die Sinne sich nicht wie gewöhnlich mit den Objekten, die sie umgeben, verbinden. Im Zustand von*** *pratyāhāra* ***folgen die Sinne dem Geist in seiner Ausrichtung.***

2.55.

tataḥ paramā vaśyatendriyāṇām

Dann stehen die Sinne ganz und gar zu unserer Verfügung.

In diesem Augenblick sind die Sinne nicht mehr Ursache für Ablenkung, sondern sie unterstützen uns darin, ein Ziel, auf das wir uns ausgerichtet haben, klar zu erkennen.

Kapitel 3

vibhūtipādaḥ

Das dritte Kapitel beginnt mit der Darlegung der letzten drei der acht Glieder des Yoga. Hier stellt uns Patañjali vor, worum es bei der Praxis der Meditation geht und welchen grundsätzlichen Prinzipien sie folgt.

Danach wird erläutert, welche Veränderungen und Entwicklungen unser Geist erfahren kann und welche Bedeutung dies für unseren Umgang mit der Praxis des Yoga hat. Noch einmal wird im Yoga Sûtra die Tatsache zum Thema, daß alles dem Wandel unterliegt, und ebenso die Frage, von welchen Kräften dieser ständige Wandel der Dinge abhängt.

Der restliche und größte Teil des dritten Kapitels widmet sich den Fähigkeiten, die Menschen erlangen können, die durch die verschiedenen von Patañjali in den vorangegangenen Kapiteln beschriebenen Praktiken des Yoga einen Geisteszustand entwickelt haben, der frei von Ablenkungen und Unruhe ist. Tatsächlich sind die Möglichkeiten eines solchen Geistes zahllos; er kann sehr tief in das Wesen von äußeren Gegenständen, Konzepten und von jedem anderen Objekt seiner Ausrichtung eindringen. In insgesamt über dreißig Sûtren werden sehr unterschiedliche Beispiele dargestellt, die für einen Menschen Inhalt seines Meditationsprozesses werden könnten. Nicht nur ihre große Zahl, sondern auch ihre außerordentliche Unterschiedlichkeit machen deutlich, wie offen und weit die Vorstellung des Yoga Sûtra hinsichtlich des Gegenstands und der Gestaltung von Meditation ist.

Erkenntnisse, die von einem Menschen auf diese Weise gewonnen werden, sind von einer neuen, ohne Meditationspraxis nicht erfahrbaren Dimension. Trotzdem besteht die Gefahr, daß die außerordentlichen Fähigkeiten und das besondere Wissen, das sich aus der Meditation entwickelt, selbst wieder zu einer Quelle der Ablenkung und innerer Unruhe werden. Patañjali weist am Ende des Kapitels mit allem Nachdruck darauf hin, daß sich aus der Meditation selbst neue Überheblichkeiten und Anhaftungen entwickeln können. Sie können für uns zum größten Hindernis werden, den höchsten Zustand des Seins zu erreichen. Dieser höchste Zustand bedeutet die Freiheit von jeder Art innerer Unruhe in jedem Augenblick.

Was ist Meditation?

Die folgenden drei Sûtren beschreiben das sechste, siebte und achte Glied des Yoga. Sie sind zum ersten Mal im Sûtra 2.29 erwähnt worden.

3.1.

deśabandhaścittasya dhāraṇā

***Dhāraṇā* ist die Fähigkeit, unseren Geist auf einen Gegenstand auszurichten.**

Obgleich in einem gegebenen Moment viele andere Möglichkeiten bestehen, entscheidet sich ein Mensch ausschließlich für *ein* Objekt und richtet seinen Geist darauf aus. Der gewählte Gegenstand kann ein Sinnesobjekt oder ein Konzept sein; er kann einfach oder komplex, greifbar oder nicht greifbar sein. Eine solche Ausrichtung des Geistes ist nicht möglich, wenn wir abgelenkt sind und unser Geist stark von dem Wirken der kleśa beherrscht ist.

3.2.

Wenn die Richtung auf diese Weise einmal festgelegt wurde, entwickelt sich eine Verbindung zwischen den Aktivitäten des Geistes und dem gewählten Objekt.

tatra pratyayaikatānatā dhyānam

Im Zustand von* dhyānam *sind alle Aktivitäten unseres Geistes in einem ununterbrochenem Fluß nur auf dieses eine Objekt hin ausgerichtet.

So wird Meditation im Yoga Sûtra definiert. Anfangs ist dabei unser Verstehen durch falsche Wahrnehmung, durch unsere Vorstellungen und Erinnerungen beeinflußt. Doch dadurch, daß der Prozeß der Annäherung und des Begreifens immer intensiver wird, erneuert sich unser Verständnis von dem Gegenstand immer wieder und vertieft sich mehr und mehr.

3.3.

tadevārthamātranirbhāsaṃ svarūpaśunyamiva samādhiḥ

Entwickelt sich der Prozeß in dieser Weise weiter, dann ist ein Mensch so sehr mit dem einen Objekt verbunden, daß nur noch dieses Objekt in ihm aufleuchtet. In diesem Zustand erscheint es, als ob der Mensch das Empfinden für seine eigene Person verloren hat. Das ist* samādhi, *die vollständige Vereinigung mit dem, was verstanden werden soll.

Es entsteht eine so enge Verbindung zwischen dem Menschen und dem Gegenstand seiner Ausrichtung, daß nichts anderes mehr aufscheint als allein der Gegenstand. In diesem Zustand ist uns nicht bewußt, daß das Meditationsobjekt und wir selbst etwas voneinander verschiedenes sind. All unsere geistigen Aktivitäten sind ausschließlich bei dem einen Gegenstand der Meditation und gänzlich damit verschmolzen.

3.4.

Der Prozeß der Meditation, der in den vorangegangenen drei Sûtren als eine Entwicklung von dhāraṇā über dhyāna zu samādhi beschrieben worden ist, kann sich zu verschiedenen Zeiten auf unterschiedliche Meditationsobjekte beziehen oder aber für einen langen oder sogar unbegrenzten Zeitraum auf dasselbe Objekt.

trayamekatra saṃyamaḥ

Wenn sich diese drei Prozesse ununterbrochen und ausschließlich auf einen Gegenstand beziehen, werden sie zusammen als* saṃyama *bezeichnet.

Saṃyama bezeichnet also den Prozeß der Meditation auf einen bestimmten Gegenstand, der sich von dhāraṇā über dhyāna hin zu samādhi entwickelt.

3.5.
Was resultiert aus einem solchen Übungsprozeß, in dem wir uns kontinuierlich und ausschließlich auf ein bestimmmtes Objekt ausrichten?

tajjayātprajñālokaḥ

***Saṃyama* auf einen gewählten Gegenstand läßt in einem Menschen ein tiefes und vollständiges Wissen über alle Aspekte des Objekts seiner Ausrichtung entstehen.**

Was müssen wir beim Prozeß der Meditation berücksichtigen?

3.6.
Kann jeder Mensch irgendein beliebiges Objekt auswählen, um seinen Geist in der Meditation auszurichten? Was bildet die Grundlage unserer Wahl?

tasya bhūmiṣu viniyogaḥ

***Saṃyama* muß Schritt für Schritt entwickelt werden.**

Bei der Wahl des Gegenstandes für die Meditation müssen unsere Fähigkeiten und Neigungen Berücksichtigung finden. Wir sollten so beginnen, daß wir unsere Praxis ohne große Schwierigkeiten bewältigen können. Dann wächst die Wahrscheinlichkeit, daß wir gute Fortschritte in unserer Entwicklung machen.
Erst wenn wir einmal wirklich einen Schritt getan haben, erfahren wir, wie ein möglicher nächster Schritt aussehen kann. Und selbst wenn wir wissen, in welcher Richtung wir vorangehen wollen, so müssen wir es in den für uns geeigneten Schritten tun.
Der Gegenstand muß also dem Meditierenden entsprechen. Ein Lehrer oder eine Lehrerin, die uns gut kennen, sind bei der Wahl des Meditationsobjektes eine große Hilfe.

3.7.

Weder in bezug auf saṃyama noch bezüglich eines anderen Teils der Yogapraxis ist es möglich, von leicht oder schwer zu sprechen. Was dem einen Menschen leicht erscheint, ist für einen anderen schwierig. Alles ist relativ.

trayamantaraṅgaṃ pūrvebhyaḥ

Im Vergleich mit den vorangegangenen Gliedern des Yoga sind die drei zuletzt genannten schwierig.

Die ersten fünf Glieder sind unsere Haltung gegenüber der Umgebung, unsere Haltung uns selbst gegenüber, die Praxis der Körperübungen, die Praxis der Atemübungen und das Nach-Innen-Richten der Sinne. Diese Aspekte des Yoga sind leichter zu verstehen als der Prozeß der Meditation, über den die letzten drei Glieder sprechen: die Fähigkeit, unseren Geist auszurichten, die Fähigkeit, kontinuierlich in dieser Ausrichtung zu verweilen und die vollkommene Vereinigung mit dem Objekt unserer Ausrichtung.
Patañjali betont deshalb in diesem und in den folgenden Sûtren den Gedanken der Relativität und dehnt ihn auf unseren gesamten Yogaweg aus. Alles, was wir erreichen, ist weder endgültig noch ist es das letzte, was wir erreichen können; die Entwicklung auf dem Yogaweg setzt sich endlos fort.

3.8.

tadapi bahiraṅgaṃ nirbījasya

***Es gibt einen Zustand, in dem unser Geist überhaupt keine Eindrücke mehr in sich trägt und in dem sich ihm nichts mehr verschließt** (nirbīja samādhi). **Dieser Zustand ist noch feiner und tiefer als der Zustand, der sich durch den Prozeß der Meditation auf ein Objekt entwickelt** (samādhi).*

Dieser höchste Zustand des Yoga wurde im letzten Sûtra des ersten Kapitels definiert. In diesem Zustand ist der Geist vollkommen durchlässig, frei von jeglicher Art von Widerständen und frei von allen Eindrücken aus der Vergangenheit.
Dieses und das vorangegangene Sûtra verdeutlichen, daß saṃyama, der Prozeß der Meditation, nur auf einer uns individuell entsprechenden Ebene möglich ist. Es kann daher auch nicht so etwas wie eine universelle Stufenfolge geben, die den Weg der Meditation bestimmt. Eine Meditation muß sich immer nach den Fähigkeiten und Bedürfnissen des einzelnen Menschen richten. Hierin drückt sich der relative Aspekt der Meditation aus. Außerdem wird es immer einige Menschen geben, die auf die eine oder andere Art und Weise Fähigkeiten entwickelt haben, die es ihnen ermöglichen, Meditation auf einem höheren Niveau zu beginnen als andere.

Wie verändert sich unser Geist durch den Prozeß der Meditation?

Unser Geist ist gewöhnt, sich immer wieder in ähnlichen Strukturen zu bewegen. Die folgenden Sûtren beschäftigen sich mit der Frage, wie Muster in uns verändert werden können. Sie zeigen, wie sehr wir selbst und alles um uns herum der Veränderung unterworfen ist. Darüber hinaus weist Patañjali darauf hin, daß sich unter bestimmten Umständen die Richtung solcher Veränderungen von uns gestalten läßt. Dies gilt auch für unseren Geist und schafft uns damit die Möglichkeit, uns zu entwickeln.

3.9.

vyutthānanirodhasaṃskārayorabhibhavaprādurbhāvau nirodhakṣaṇacittānvayo nirodhapariṇāmaḥ

In unserem Geist kann sich entweder ein Zustand der Zerstreutheit oder aber ein Zustand der Ausrichtung entwickeln. In dem Maße, in dem eine Tendenz stärker wird, nimmt die andere ab. Wenn sich unser Geist über eine gewisse Zeit in dem Zustand der Ausrichtung befindet, so kommt es zu einer Veränderung, die von dieser Fähigkeit der Ausrichtung des Geistes geprägt ist.

Setzt sich in unserem Geist der Zustand von Achtsamkeit durch, wird unsere Haltung gelassen und ruhig, unser Atem gleichmäßig und unsere Konzentration so gut, daß wir uns in der Meditation vollkommen mit dem Gegenstand der Ausrichtung verbinden und uns in diesem Augenblick der Umgebung nicht mehr bewußt sind. Befinden wir uns dagegen in einem Zustand der Zerstreuung und Unruhe, so ist unsere Körperhaltung alles andere als entspannt, unser Atem ist ungleichmäßig, und es gibt kaum etwas in unserem Verhalten, das auf unsere Fähigkeit zur Aufmerksamkeit schließen ließe.

3.10.
Wie können wir in unserem Geist eine Veränderung in Richtung Aufmerksamkeit bewirken?

tasya praśāntavāhitā saṃskārāt

Die Fähigkeit, über einen langen Zeitraum in einem Zustand der Ausrichtung zu verweilen, entwickelt sich durch regelmäßiges und ununterbrochenes Üben.

Bemühen wir uns jedoch nicht immer wieder darum, den Zustand der Ausrichtung aufrechtzuerhalten, so werden Zerstreutheit und Unachtsamkeit in unserem Geist wieder die Oberhand gewinnen.

Auch der Zustand der Zerstreutheit ist nicht einheitlich und statisch, sondern kann verändert werden. In manchen Augenblicken herrscht vollkommene Verwirrung in unserem Geist, zu anderen Zeiten ist unser Geist so dumpf und schwer, daß wir von nichts berührt sind. Oder aber wir befinden uns in einem Zustand, wo wir einfach nur sehr empfänglich für Ablenkungen sind. Diese Unterschiedlichkeiten beruhen auf Strukturen in uns, die wir mitbringen, und auf den Erfahrungen, die wir im Laufe der Zeit gemacht haben.

3.11.
Für unseren Geist ist jedoch noch eine ganz andere Art des Wirkens möglich.

sarvārthataikāgratayoḥ kṣayodayau
cittasya samādhipariṇāmaḥ

Der Zustand unseres Geistes wechselt zwischen tiefer Konzentration in der Ausrichtung auf ausschließlich eines und einem Zustand, wo es die Wahl zwischen verschiedenen Objekten gibt.

Der Unterschied zu der in 3.9. beschriebenen Situation in unserem Geist besteht darin, daß sich unser Geist dort noch zwischen zwei sehr gegensätzlichen Zuständen hin und her bewegte, während die Zustände, die sich jetzt abwechseln, viel näher beieinander liegen. Daher ist es nun viel leichter möglich, eine unterbrochene Ausrichtung wieder aufzunehmen, ohne zu viel Zeit zu verlieren und ohne sich lange mit den Auswirkungen eines zerstreuten Geistes auseinandersetzen zu müssen.

3.12.
Durch ein weiteres Vertiefen der Klärung unseres Geistes verändert sich die Situation abermals:

tataḥ punaḥ śāntoditau tulyapratyayau
cittasyaikāgratāpariṇāmaḥ

Der Geist erreicht einen Zustand, in dem die Verbindung mit dem Gegenstand seiner Wahl fest und ununterbrochen ist. Er ist keinen Ablenkungen mehr unterworfen.

In dieser Situation sind wir eng mit dem Objekt unserer Ausrichtung verbunden; diese Verbindung wird nicht mehr durch irgendwelche andere Tendenzen in unserem Geist gestört. In einem solchen Geisteszustand wird ein Gegenstand vollkommen und in aller Tiefe erfaßt.

3.13.

Es ist offensichtlich, daß unser Geist unterschiedliche Eigenschaften annehmen kann und daß diese Eigenschaften dem Wandel unterliegen. Unser Geist, die Sinne und alles andere, was uns in dieser Welt umgibt, haben drei grundsätzliche Eigenschaften gemein, die der drei guṇa. Wie bereits im zweiten Kapitel erläutert worden ist, beschreiben die drei guṇa das, woraus die Welt gewoben ist: Tamas bezeichnet Schwere, Beharrlichkeit, Festigkeit; rajas drückt Aktivität, Bewegung aus; sattva steht für Klarheit. In einem gewissen Sinn sind die meisten Veränderungen in unserem Geist möglich, weil diese drei Qualitäten in einem Zustand ständiger Bewegung sind. Wie sich die guṇa ändern, wann sie das tun und welche Verbindungen die unterschiedlichen Zustände unseres Geistes verursachen, diese Fragen sind von außerordentlich komplexer Natur. Trotzdem lassen sich für den Prozeß der Veränderung einige grundsätzliche Aspekte benennen:

etena bhūtendriyeṣu dharmalakṣaṇāvasthāpariṇāmā vyākhyātāḥ

Für unseren Geist wurde erläutert, daß er sich in sehr unterschiedlichen Zuständen befinden kann und daraus sehr unterschiedliche Haltungen, Möglichkeiten und Verhaltensweisen resultieren. Gleichermaßen wie unser Geist sind auch alle Objekte und unsere Sinne dem Wandel unterworfen. Die Veränderungen drücken sich in den verschiedenen Daseinsformen eines Gegenstandes aus; sie werden beeinflußt durch äußere Einflüsse wie Zeit und unser bewußtes Einwirken.

Eine Blume ziert nicht nur einen schön gedeckten Tisch, sie existiert auch als Samenkorn oder als wachsender Keim. Mehr noch, mit der Zeit verwandelt sich eine frische Blüte in einige trockene Blumenblätter. Ein Goldschmied formt aus einem Goldklumpen einen feingearbeiteten Anhänger. Jemand anderes stellt aus dem gleichen Gold ein Gefäß zur Aufbewahrung von ätzenden Flüssigkeiten her.

Die Eigenschaften, die in einem Augenblick sichtbar sind, sind nicht alle möglichen Ausdrucksformen, die ein Objekt beinhaltet. Hat man das gesamte Potential eines Gegenstands erkannt, so können viele sehr unterschiedliche Formen und Eigenschaften dieses einen Objektes zum Vorschein gebracht werden.
Das gleiche gilt für den Körper und für die Sinne. Manuelle Geschicklichkeit heißt für einen Künstler etwas anderes als für einen Automechaniker und drückt sich beim Einfädeln eines Fadens anders aus als beim Tischtennisspiel. Und auch ist das Denken eines Philosophen anders als das Denken eines Geschäftsmannes.

3.14.
All die unterschiedlichen Eigenschaften, die sich uns oft erst in bestimmten Situationen zeigen, müssen in der einen oder anderen Form schon angelegt sein, also schon existieren.

śāntoditāvyapadeśyadharmānupātī dharmī

Jede Substanz enthält alle ihre Eigenschaften. Je nachdem, welche Form sie annimmt, erscheinen diejenigen Charakteristiken, die mit der entsprechenden Form übereinstimmen. Aber egal welche Form, welche Charakteristiken hervortreten, es gibt eine Grundlage, die alle Charakteristiken enthält. Einige Eigenschaften haben sich in der Vergangenheit gezeigt, manche sind in diesem Augenblick sichtbar und andere werden sich in der Zukunft offenbaren.

Die Bedeutung der Sûtren 3.9. bis 3.14. besteht in einer Aussage von großer Konsequenz: Alles Wahrnehmbare, das heißt, wir selbst und die Welt um uns ist Realität und keine Fiktion. Und diese Realität ist dem ständigen Wandel unterworfen. Diese zwei wesentliche Grundgedanken Patañjalis sind bekannt als satvāda, die Auffassung von der Existenz einer von uns unabhängigen Realität und pariṇāmavāda, die Auffassung, daß alles, dessen wir uns gewahr werden können, dem Wandel unterworfen ist. Diese beiden Grundvorstellungen bilden eine wichtige Grundlage von Patañjalis Lehre.

3.15.
Kann die Veränderung von Eigenschaften beeinflußt werden?

kramānyatvaṃ pariṇāmānyatve hetuḥ

Eine Veränderung der dem Wandel von Eigenschaften zugrundeliegenden Abfolge bewirkt eine Veränderung der hervortretenden Eigenschaften.

Jedem Wandel liegt eine bestimmte Reihenfolge, eine Ordnung zugrunde; diese Ordnung kann jedoch verändert werden, so wie etwa ein Fluß, der dem Verlauf eines Tales folgt, durch einen Tunnel umgeleitet werden kann. Jene Intelligenz, die eine solche Möglichkeit ergreifen kann, ist für die unterschiedlichen Muster des Wandels verantwortlich.

Wie kann sich Meditation gestalten und welche Fähigkeiten können entstehen, wenn unterschiedliche Objekte oder Konzepte für die Meditation ausgewählt werden?

In gewisser Weise ist Meditation ein Prozeß, der unseren Geist in eine bestimmte Richtung hin verändert. Die beschränkte Möglichkeit unseres Geistes, die sich in einem unvollständigen, irrtümlichen oder überhaupt keinem Verstehen ausdrückt, wird verwandelt in ein Potential, das vollkommenes Verstehen möglich macht. Ein Mensch, der diese Fähigkeit weit entwickelt hat, kann jedes Objekt seiner Wahl in aller Tiefe und Vollständigkeit erfassen.

In den folgenden Sûtren gibt Patañjali viele Hinweise auf wichtige Meditationskonzepte der indischen Tradition. Fragen, die den Kosmos betreffen, Vorstellungen in bezug auf Zeit und Veränderung, Bereiche des menschlichen Körpers und vieles andere werden als mögliche Meditationsobjekte vorgestellt. Dabei erfahren wir, welche Kräfte oder Fähigkeiten durch die vollkommene Vereinigung unseres Geistes mit den jeweiligen Objekten entstehen können.

Wenn es uns möglich ist, den Zustand von tiefer Meditation zu erreichen, bleibt es uns selbst überlassen, ob wir mehr daran interessiert sind, Wissen und Fähigkeiten spezieller Art zu erwerben, oder aber ob es uns vor allem um das Erfahren von innerer Freiheit geht. Wirkliche Freiheit ist mehr als nur ein momentanes vollkommenes Verständnis von einem Gegenstand oder einem bestimmten Inhalt. Die Freiheit, die hier gemeint ist, ist ein Zustand, in dem unser Handeln eine besondere Qualität erreicht hat. Unsere Handlungen führen dann weder zu innerer Enge noch zu Unzufriedenheit. Die Erkenntnisse und Möglichkeiten, die durch den Prozeß der Meditation entstehen, haben also Auswirkungen auf uns, die keineswegs vorhersehbar sind. Deshalb warnt uns das Yoga Sûtra an späterer Stelle vor den Gefahren, die im falschen Umgang mit Meditation oder im Mißbrauch der durch die Meditation erworbenen Fähigkeiten liegen.

3.16.
Es folgt das erste Beispiel für eine mögliche Ausrichtung in der Meditation (saṃyama).

pariṇāmatrayasaṃyamādatītānāgatajñānam

Meditation auf die Prozesse der Veränderung und darauf, wie diese Prozesse durch Zeit und andere Faktoren beeinflußt werden, eröffnet uns den Zugang zu einem Wissen über die Vergangenheit und die Zukunft.

In den Sûtra 3.9 bis 3.14 wurden die Veränderungen, die sich in unserem Geist, in den Sinnen und in allen Objekten ereignen, erläutert. Wenn wir uns in aller Tiefe mit dem Ablauf dieser Veränderungen befassen, werden wir die Fähigkeit entwickeln, im voraus zu erkennen, was in einer bestimmten Situation geschehen wird, und wir werden erfahren können, was sich in der Vergangenheit zugetragen hat.

3.17.
Patañjali greift als nächstes Objekt für die Meditation den Prozeß der Kommunikation auf. Menschen verständigen sich untereinander mit Hilfe verschiedener Symbole, Gesten und Worte, die alle immer auch Anlaß für Mißverständnisse sein können. Alle Gedankeninhalte und Konzepte, die wir anderen Menschen vermitteln wollen, sind immer durch unsere eigenen Erinnerungen und Vorstellungen geprägt. Von daher ist auch der Raum für eine unklare Kommunikation sehr groß, egal, wie sehr wir uns um Klarheit und Eindeutigkeit bemühen mögen.

śabdārthapratyayānāmitaretarādhyāsātsaṅkarastatpravibhāga-saṃyamātsarvabhūtarutajñānam

Normalerweise kommt es in unserem Geist zu einer Vermischung von dem Wort, mit dem wir einen bestimmten Gegenstand bezeichnen, von dem Gegenstand selbst und von den Vorstellungen, die wir uns von diesem Gegenstand machen. Wenn wir die Wechselwirkungen zwischen sprachlichem Ausdruck, dem Gegenstand selbst und den Vorstellungen, die wir uns über ihn machen, in der Meditation klar erkennen, lernen wir, die Ausdrucksweise aller Wesen zu verstehen.

Indem wir die Charakteristiken von Gegenständen oder gedanklichen Konzepten besser verstehen, indem wir mit den Mitteln der Sprache vertrauter werden und indem wir durch ein Verständnis von kulturellen und anderen Einflüssen die Vorstellungen, die sich Menschen von etwas machen, besser einschätzen lernen, gewinnen wir einen größeren Spielraum für die Kommunikation mit anderen Menschen und überhaupt für den Zugang zu anderen Lebewesen.

3.18.
In allen Bereichen menschlicher Aktivität entwickeln sich individuelle Gewohnheiten und Reaktionsmuster. Auch sie können wir als Gegenstand der Meditation wählen.

saṃskārasākṣātkaraṇātpūrvajātijñānam

Richten wir uns in der Meditation auf unsere eigenen Reaktionsmuster und Gewohnheiten aus, so werden wir ihre Ursprünge erkennen. Wir werden dadurch ein tiefes Wissen von unserer Vergangenheit erlangen.

Wir erfahren, wie sich unser Verhalten und unsere persönlichen Charaktereigenschaften entwickelt haben und welche Ereignisse in der Vergangenheit unsere Sichtweisen, Vorlieben und Abneigungen beeinflußt haben. Wir begreifen, in welchem Maße sie mit unseren Erbanlagen, mit der Tradition, in der wir aufgewachsen sind, mit sozialen Erfordernissen oder auch mit Menschen, die uns begegnet sind, in Verbindung stehen. Wenn uns diese Wurzeln bekannt sind, dann können wir unsere Lebensweise noch einmal überdenken, und wir werden neue Wege entdecken, mit uns, mit anderen und mit den Aufgaben, die das Leben an uns stellt, besser umzugehen.

3.19.
Auch über den eigenen Geist können wir meditieren. Dabei bedienen wir uns der Tatsache, daß jede geistige Aktivität unterschiedliche körperliche Auswirkungen zeitigt. So sind zum Beispiel unsere Gesichtszüge und unsere Haltung oder unser Atem anders, wenn wir schlafen als wenn wir uns ärgern. Durch das Verstehen dieser Zusammenhänge ist es uns möglich, ein genaueres Verständnis über den Zustand des Geistes anderer Menschen zu erlangen.

pratyayasya paracittajñānam

Wenn wir in der Meditation die Veränderungen in unserem eigenen Geist und die daraus resultierenden Folgen erforschen und verstehen, dann werden wir fähig sein, den Geisteszustand anderer Menschen sehr klar zu erkennen.

Es wird uns dann leichter fallen zu begreifen, wie sich der Zustand des Geistes bei anderen Menschen verändert und entwickelt. Wir lernen, äußere Zeichen wie den körperlichen Ausdruck, die Sprache oder den Atem zu deuten. Sie können uns zum Beispiel innere Unruhe, Verwirrung, Zweifel, Angst oder andere Emotionen offenbaren.

3.20.

Dieses Sûtra bezieht sich direkt auf das, was im vorangegangenen gesagt wurde. Hier wird die Frage erörtert, ob die dort vorgeschlagene Meditation es uns ermöglicht, auch die *Ursache* für den jeweiligen Geisteszustand eines anderen Menschen zu erfassen.

na ca tatsālambanaṃ tasyāviṣayībhūtatvāt

Nein. Die Ursache für den Zustand des Geistes eines Individuums liegt jenseits der Beobachtungsmöglichkeit durch andere.

Menschen reagieren in verschiedenen Situationen unterschiedlich. Ihre Wahrnehmung durch andere beschränkt sich auf eine Ebene, die es wohl ermöglicht, den *Zustand* ihres Geistes zu sehen, jedoch nicht, die *Ursachen* zu erkennen, die diesen Zustand herbeigeführt haben.

3.21.
Die körperlichen Züge eines Individuums sind erkennbar, da sie anders sind als die Umgebung. So wie ein weißer Fleck auf einer schwarzen Wand sichtbar ist, während ein schwarzer Fleck auf einer schwarzen Wand nicht zu sehen wäre.

kāyarūpasaṃyamāttadgrāhyaśaktistambhe
cakṣuḥprakāśāsaṃprayoge 'ntardhānam

Durch das Erforschen der Beziehung zwischen körperlichen Merkmalen und dem, was sie beeinflußt, kann ein Mensch die Fähigkeit entwickeln, seine körperlichen Charakteristika zu beeinflussen und sein Erscheinungsbild so zu verändern, daß er nicht mehr von seiner Umgebung zu unterscheiden ist.

Ein erfahrener Jäger auf der Pirsch zum Beispiel kann seine menschliche Form seiner Umgebung dadurch völlig anpassen, daß er ein scharfes Bewußtsein dessen entwickelt, was ihn von seiner Umgebung unterscheidet. Indem er daraufhin seine äußere Form der Umgebung genau anpaßt und seinen Körper entsprechend achtsam bewegt, kann er die Auswirkungen des Unterschieds zwischen ihm und seiner Umgebung sehr gering halten.

3.22.
Unsere Handlungen werden durch unsere Absicht, durch den Zustand unseres Geistes im Augenblick des Handelns, durch die uns zur Verfügung stehende Klarheit und durch die begleitenden Umstände beeinflußt.

sopakramaṃ nirupakramaṃ ca karma tatsaṃyamādaparānta-jñānamariṣṭebhyo vā

Handlungen zeigen ihre Auswirkungen unmittelbar oder erst später. Durch** saṃyama **auf diese Tatsache können wir die Fähigkeit erlangen, den Verlauf zukünftiger hinderlicher Ereignisse vorherzusehen und sogar auch unseren eigenen Tod.

3.23.
Wir können uns in der Meditation auch auf verschiedene positive Haltungen wie etwa Freundlichkeit, Mitgefühl oder Zufriedenheit ausrichten.

maitryādiṣu balāni

Meditieren wir über Freundlichkeit, so können wir lernen, wie wir diese Haltung stärken können.

3.24.
Ähnlich dem im vorherigen Sûtra beschriebenen Prinzip können wir sowohl mentale als auch körperliche Fähigkeiten stärken. Dafür wird nun ein weiteres Beispiel genannt.

baleṣu hastibalādīnī

Meditation auf die Kraft eines Elefanten kann in uns eine Kraft dieser Art entstehen lassen.

Dies ist natürlich nicht wörtlich zu verstehen. Es bedeutet nicht, daß wir tatsächlich die Kraft eines Elefanten erwerben könnten. Gemeint ist vielmehr eine Kraft, die zwar den Grenzen der menschlichen Möglichkeiten entspricht, aber dennoch von außerordentlicher Qualität ist.

3.25.
pravṛttyālokānyāsātsūkṣmavyavahitaviprakṛṣṭajñānam

Praktizieren wir *saṃyama* ***darauf, wie unser Geist wahrnimmt, so werden wir lernen, sehr subtile oder verborgene Phänomene zu verstehen, und auch solche, die weit über unsere bisherigen Grenzen hinausgehen.***

Die Wahrnehmung mit Hilfe unseres Geistes entspricht der Ausdehnung unserer Lebenskraft in Richtung auf den wahrzunehmenden Gegenstand hin. Meditieren wir darüber, wie dies geschieht, so wird sich der Horizont unseres Beobachtungsvermögen deutlich erweitern.

Die folgenden drei Sûtren sind Beispiele dafür, daß auch Naturphänomene Gegenstand unserer Meditation sein können.

3.26.

bhuvanajñānaṃ sūrye saṃyamāt

Meditation auf die Sonne führt in einem Menschen zu einem tiefen Wissen über das Planetensystem und die kosmischen Regionen.

3.27.

candre tārāvyūhajñānam

Ist das Objekt unserer Meditation der Mond, so entsteht in uns ein umfassendes Wissen über die Position der Sterne zu unterschiedlichen Zeiten.

Die Beobachtung der verschiedenen Mondphasen, seiner Eklipsen und des Weges, den er am Himmel nimmt, führt uns über das gesamte Firmament und schließt daher alle sichtbaren Sterne und ihren Konstellationen ein.

3.28.

dhruve tadgatijñānam

Richten wir uns in der Meditation auf den Polarstern aus, so lernen wir die Bewegung der Sterne zueinander verstehen.

Auch verschiedene Bereiche unseres Körpers können Gegenstand einer Meditation werden. Die folgenden drei Sûtren geben Beispiele dafür.

3.29.

nābhicakre kāyavyūhajñānam

Meditiert man auf den Nabel, so erlangt man ein tiefes Verständnis von der Anordnung der verschiedenen Organe des Körpers zueinander und von ihrem Zustand.

Aufgrund seiner Lage in der Mitte des Körpers, umgeben von vielen anderen Organen, und aufgrund der Funktion, die der Nabel als ernährende Verbindung während der Schwangerschaft hat, wird er als ein Ort verstanden, in dem sich bestimmte Körperkräfte konzentrieren.

3.30.

kaṇṭhakūpe kṣutpipāsānivṛttiḥ

Wird die Kehle als der Gegenstand der Untersuchung in der Meditation gewählt, können Bedürfnisse wie Hunger und Durst in solch tiefgründiger Weise verstanden werden, daß ihre Wirkungen einen Menschen nicht mehr beeinträchtigen.

Wie der Nabel, so ist auch die Kehle ein lebenswichtiger Bereich. Das Bedürfnis nach bestimmten Nahrungsmitteln, Hunger und Durst, all das fühlen wir an dieser Stelle des Körpers.

3.31.

kūrmanāḍyāṃ sthairyam

Meditation auf den Brustbereich und das Erforschen der Empfindungen, die dort in unterschiedlichen Situationen wahrgenommen werden können, läßt in einem Menschen die Fähigkeit entstehen, auch in schwierigen Situationen ausgeglichen und ruhig zu bleiben.

Viele Symptome, die infolge von Streß und Angst auftreten, werden im Brustbereich empfunden. Körperliche Haltungen können durch unseren Geisteszustand beeinflußt sein; eine ständig gebeugte Haltung beispielsweise kann Folge und Ausdruck eines Mangels an Selbstvertrauen sein.

3.32.

mūrdhajyotiṣi siddhadarśanam

Dadurch daß ein Mensch auf die Quelle der höchsten Klarheit in sich meditiert, entwickelt er die Gabe außergewöhnlicher Kräfte.

Patañjali beschreibt hier eine Meditation, die in dieser oder ähnlicher Form in vielen Traditionen bekannt ist und geübt wird: Meditation auf ein die Quelle höchster Klarheit repräsentierendes Licht im Körper.
Durch diese Art der Meditation mag ein Mensch die Unterstützung und eine umfassendere Vorstellung der göttlichen Kraft erfahren.

3.33.

prātibhādvā sarvam

Alles kann verstanden werden. Aus jedem neuen Versuch entsteht unvoreingenommenes und spontanes Verstehen.

3.34.
In der Tradition des Yoga wird das Herz als der Sitz unseres Geistes betrachtet.

hrdaye cittasaṃvit

Meditation auf das Herz wird uns die Natur unseres Geistes enthüllen.

Das ist nur möglich, wenn wir innerlich ruhig und ausgeglichen sind. Bei einem See, der stürmisch bewegt ist, kann man auch nicht die Farbe des Wassers erkennen.

3.35.

sattvapuruṣayoratyantāsaṅkīrṇayoḥ pratyayāviśeṣobhogaḥ parārthatvātsvārthasaṃyamātpuruṣajñānam

Der Geist, der dem Wandel unterlegen ist, und die Instanz der Wahrnehmung, die davon unberührt ist, sind sich sehr nah und dennoch deutlich verschieden voneinander. Wenn unser Geist nach außen gerichtet ist und mechanisch auf das, was ihm widerfährt, reagiert, so empfinden wir entweder Wohlgefallen oder Leid. Beginnt ein Mensch jedoch zu einem geeigneten Zeitpunkt, das tatsächliche Wesen der Beziehung zwischen dem in uns, was wahrnimmt, und der Wahrnehmung selbst zu ergründen, so wird die Verbindung des Geistes zu allen äußeren Gegenständen unterbrochen. In diesem Augenblick kann die erkennende Instanz selbst verstanden werden.

Unter dem Einfluß äußerer Reize ist unser Geist ein mechanisch arbeitendes Instrument. Die daraus resultierende Wahrnehmung und unser darauf gegründetes Verhalten führen uns oft in Enge und Leid. Das geschieht, obgleich in uns immer etwas wohnt, das klar erkennen kann. Wie gut unsere Augen auch sein mögen, wenn ein Glas beschmutzt ist, so wird das, was dahinter liegt, immer verschwommen erscheinen.

Durch Meditation und eine Yogapraxis, die Klärung, Selbstbeobachtung und ein Gefühl der Offenheit und des Annehmens beinhaltet, können wir die Strukturen und Mechanismen unseres Geistes ergründen. Dadurch entsteht nach und nach die Möglichkeit, die Verbindung unseres Geistes nach außen vollkommen zu unterbrechen. In diesem Augenblick der Stille können wir die Quelle der Wahrnehmung in uns deutlich verstehen.

3.36.
Welche Folgen hat solch ein Augenblick?

tataḥ prātibhaśrāvaṇavedanādarśāsvādavārtā jāyante

Dadurch erlangt ein Mensch außergewöhnliche Fähigkeiten in jedem Bereich seiner Wahrnehmung.

Sind uns die Fähigkeiten und Kräfte, die aus den verschiedenen Formen der Meditation erwachsen können, immer dienlich?

Patañjali macht hier einen entscheidenden Einschnitt. Die bisher beschriebenen besonderen Fähigkeiten und Kräfte, die ein Mensch durch Meditation erwerben kann, vermögen tatsächlich Gewaltiges. Sie können in uns jedoch auch Illusionen wecken. Das folgende Sûtra läßt keinerlei Zweifel daran, daß jede außergewöhnliche Fähigkeit leicht zu einem mächtigen Hindernis auf dem Weg zu größerer Klarheit und Offenheit werden kann, wenn wir ihr zu große Bedeutung beimessen und an ihr haften bleiben.

3.37.

Wir sollten immer im Auge behalten, daß unser Geist einem zweischneidigen Schwert vergleichbar ist. Haben wir durch die Meditation besondere Fähigkeiten und Erkenntnisse erworben, so sind wir geneigt, uns dem Glauben hinzugeben, daß wir jetzt den höchstmöglichen Zustand erreicht hätten, frei von jeglichem Irrtum wären und uns in einer Situation völliger Freiheit befänden. Solche Vorstellungen sind Ausdruck einer großen Illusion.

te samādhāvupasargā vyutthāne siddhayaḥ

> ***Für einen Menschen, der in einen Zustand von Unklarheit zurückgefallen ist, erscheinen das außerordentliche Wissen und die Fähigkeiten, die sich aus samyama ergeben, erstrebenswert. Für denjenigen aber, der anhaltend den Zustand von Yoga erreichen möchte, stellen die Resultate von*** *saṃyama* ***in sich selbst wieder Hindernisse dar.***

Das außergewöhnliche Wissen und die besonderen Fähigkeiten, die durch die Meditation entstanden sind, erscheinen gerade Menschen, die wieder in einen Zustand der Ablenkung zurückgefallen sind, wertvoll. Die gleichen Fähigkeiten können aber auch zu Hindernissen auf dem weiteren Weg werden. Annehmlichkeiten und Vorteile, die sich aus der Yogapraxis ergeben, sollten nicht mit dem eigentlichen Ziel verwechselt werden. Wieviel Vergnügen uns unsere Erfahrungen während einer Reise auch immer bereiten mögen, sie können das von uns gewählte Ziel nicht ersetzen. Das wäre so, als begnügten wir uns endgültig damit, wunderschöne Schwäne am Ufer eines Sees an unserem Weg zu beobachten, obwohl wir eigentlich unterwegs waren, um einen schneebedeckten Berggipfel zu erklimmen.

Nachdem vor den Grenzen und Gefahren von saṃyama gewarnt worden ist, werden nun weitere Möglichkeiten und Beispiele für Meditationen beschrieben.

3.38.
In unserem Geist sammeln sich Erfahrungen. Diese Erfahrungen sind von Mensch zu Mensch verschieden. Die Tätigkeit des Geistes beschränkt sich auf den einen Menschen, zu dem er gehört. So wird der Geist zu einer einsamen Festung gegen alle Eindringlinge.

bandhakāraṇaśaithilyātpracārasaṃvedanācca
cittasya paraśarīrāveśaḥ

Indem ein Mensch die Ursache für diese starre Situation, die den Geist an das Individuum bindet, erforscht und die Mittel untersucht, die diese Starrheit lösen können, entwickelt sich in ihm mit großer Wahrscheinlichkeit die Möglichkeit, über seine eigenen Grenzen hinaus zu wirken.

Dabei muß der Geist eines Menschen über die Fähigkeit verfügen, die Ergebnisse vergangenen Handelns, die eine klare Wahrnehmung erschwert haben, zu verstehen. Durch die regelmäßige Praxis von Atemübungen und anderen Disziplinen kann die Reichweite geistiger Aktivität so weit ausgedehnt werden, daß ein Mensch durch seinen Geist andere Menschen beeinflussen kann. Ein Lehrer, der einen trägen oder verwirrten Schüler verändern möchte, muß diese Fähigkeit zum Beispiel haben.

In den beiden folgenden Sûtren stellt Patañjali als Meditationsobjekte zwei verschiedene Aspekte der Lebensenergie vor.

3.39.

Körperlicher Schmerz steht in enger Verbindung mit unserem Geist. Ein Kind zum Beispiel, das völlig in sein Spiel versunken ist, bemerkt sein Hungergefühl oftmals nicht. Trennt es sich jedoch einige Augenblicke später von dem Spiel, so kann es passieren, daß es ganz fürchterlich vor Hunger zu weinen beginnt.
Körperliche Manifestationen von Empfindungen wie Schmerz sind mit dem Geist durch die Lebensenergien, die durch den Körper fließen, verbunden. Diese Energien können durch bestimmte Atemübungen gelenkt werden und bestimmte Wirkungen können durch entsprechende Praktiken erzielt werden.

udānajayājjalapaṅkakaṇṭakādiṣvasaṅga utkrāntiśca

Wenn ein Mensch einen bestimmten Aspekt der Lebensenergie (udāna) vollkommen gemeistert hat, so werden ihm Wasser, Schlamm und Dornen nichts anhaben, wenn er sich durch sie hindurch bewegt. Er ist in der Lage, sich dabei leicht wie eine Feder zu fühlen.

Kälte, Hitze, spitze Stachel, alle diese Dinge haben immer eine relative Bedeutung, da sie in verschiedenen Situationen und bei verschiedenen Menschen sehr Unterschiedliches bewirken.

3.40.
Die Lebenskräfte erfüllen unterschiedliche Aufgaben und entfalten ihre Aktivität in verschiedenen Bereichen des Körpers. In diesem Sûtra ist die Rede von der Kraft, die für die Verdauung verantwortlich ist. Sie befindet sich in der Nabelgegend und heißt samāna.

samānajayājjvalanam

Wenn wir** samāna **meistern, so können wir das Gefühl intensiver Hitze erfahren.

Wird samāna angeregt, so nimmt das Gefühl von Wärme zu. Im prāṇāyāma werden zu diesem Zweck neben anderen Techniken auch bestimmte Atemhaltungen vorgeschlagen.

3.41.
Wir wissen, daß sich der Ton im Raum bewegt.

śrotrākāśayoḥ saṃbandhasaṃyamāddivyaṃ śrotram

Meditation auf die Beziehung zwischen Gehörsinn und Raum läßt in uns einen außergewöhnlichen Sinn für das Hören entstehen.

3.42.
Der Mensch hat von jeher ein großes Interesse für die Beziehung zwischen stofflichen Gegenständen und dem Raum. Immer wieder wurde die Frage gestellt, warum Vögel fliegen können, während ein Stein zu Boden fällt.

kāyākāśayoḥ
saṃbandhasaṃyamāllaghutūlasamāpatteścākāśagamanam

Durch Meditation auf die Beziehung zwischen Körper und Raum und durch Erforschen der Eigenschaften von Gegenständen, die wie ein Baumwollflausch im Raum schweben, kann das Wissen erworben werden, wie man sich im Raum frei von einem Ort zum anderen bewegt.

Auch hier ist nicht gemeint, daß wir lernen können, tatsächlich zu fliegen, aber wir können ein Verständnis davon entwickeln, was es bedeutet zu schweben.

3.43.
Normalerweise ist unsere Wahrnehmung durch das Wirken unseres Geistes, durch Erinnerungen, Vorstellungen oder auch durch seine Eigenschaften wie beispielsweise Trägheit beeinflußt. Derselbe Geist kann jedoch verändert werden und einen Zustand erreichen, in dem er die Wahrnehmung eines Gegenstandes nicht trübt. Wenn dies geschieht, dann ist unsere Wahrnehmung von dem Gegenstand richtig. Darüber hinaus ist es möglich, den Geist von der Wahrnehmung eines Gegenstands abzuhalten, gleich wie anziehend oder verführerisch dieser Gegenstand sein mag.

bahirakalpitā vṛttirmahāvidehā tataḥ prakāśāvaraṇakṣayaḥ

Wenn wir diese Phänomene untersuchen und Bedingungen schaffen, die ermöglichen, daß der Geist die Wahrnehmung nicht stört, entsteht die außerordentliche Fähigkeit, den Geist anderer Menschen zu ergründen. Darüber hinaus werden die Wolken, die die klare Wahrnehmung beeinträchtigen, verringert.

Entwicklungen in solch eine Richtung sind immer nur schrittweise möglich. Mit den Wolken, die unsere Wahrnehmung trüben, sind die kleśa gemeint, die im zweiten Kapitel beschrieben worden sind.

3.44.
Im folgenden beschreibt Patañjali eine Meditation, in der die Elemente unter fünf Gesichtspunkten untersucht werden.

sthūlasvarūpasūkṣmānvayārthavattvasamyamādbhūtajayaḥ

Erforschen wir in der Meditation die Materie in all ihren subtilen Aspekten, in ihren eigenen Charakteristiken, ihren groben Aspekten, in ihrer Verbindung mit anderem und dem Zweck, den sie erfüllt, so werden wir Meisterschaft über die Elemente erlangen.

Materie besteht aus den Elementen, deren Erscheinungsformen verschieden sind, die jedoch miteinander in wechselseitiger Beziehung stehen. Jedes Element hat eine von den anderen unterscheidbare eigene Existenz. Die Elemente bilden die Grundlage für unseren Körper und für alles, was wir außerhalb unseres Körpers wahrnehmen, und ihre Charakteristiken unterliegen dem Wandel.

3.45.

tato 'ṇimādiprādurbhāvaḥ
kāyasaṃpattaddharmānabhigātaśca

Ein Mensch, der die Elemente gemeistert hat, wird durch sie in keiner Weise mehr beeinträchtigt. Er entwickelt körperliche Vollkommenheit und außergewöhnliche Fähigkeiten.

3.46.

rūpalāvaṇyabalavajrasaṃhananatvāni kāyasaṃpat

Vollkommenheit des Körpers ist gekennzeichnet durch gutes Aussehen, Anziehungskraft, besondere körperliche Stärke und körperliche Festigkeit.

3.47.
In ähnlicher Weise, wie er es für die Elemente getan hat, beschreibt Patañjali jetzt, wie wir die Sinne in der Meditation erforschen können.

grahaṇasvarūpāsmitānvayārthavattvasaṃyamādindriyajayaḥ

Untersuchen wir in der Meditation die Fähigkeit der Sinne, ihren jeweiligen Gegenstand wahrzunehmen, ergründen wir die Art und Weise, wie Gegenstände verstanden werden, versuchen wir zu erfassen, wie wir uns mit den Gegenständen unserer Wahrnehmung identifizieren, in welchem Verhältnis Sinne, Geist und die wahrnehmende Instanz in uns zueinander stehen und was sich aus einer solchen Wahrnehmung ergibt, so werden wir Meisterschaft über unsere Sinne erreichen.

Damit Wahrnehmung stattfinden kann, müssen sich Sinne, Gegenstand und Geist miteinander verbinden. Das ist möglich aufgrund der Kraft in uns, die erkennt, und aufgrund der Kraft unseres Geistes und der Sinne, einen Gegenstand zu bemerken. Die drei guṇa, Trägheit, Bewegung und Klarheit, aus denen unser Geist, die Sinne und die Objekte in unterschiedlicher Zusammensetzung gewoben sind, können unsere Wahrnehmung entweder unterstützen oder aber stören.

3.48.

tato manojavitvaṃ vikaraṇabhāvaḥ pradhānajayaśca

Dann wird die Reaktion der Sinne so schnell sein wie die des Geistes, und die Wahrnehmung wird sehr scharf sein. Ein Mensch, der Meisterschaft über seine Sinne erzielt hat, wird außerdem auf Besonderheiten der Elemente Einfluß nehmen können.

Durch dieses saṃyama können die Veränderungen, denen die Elemente unterworfen sind, willentlich beeinflußt werden, und wir gewinnen das notwendige Wissen, die Richtung solcher Veränderungen zu bestimmen.

3.49.

Was resultiert aus einer Meditation, die sich dem Unterschied widmet, der zwischen unserem Geist als Mittel zur Wahrnehmung einerseits und der Instanz, die mit seiner Hilfe wahrnimmt, andererseits besteht?

sattvapuruṣānyatākhyātimātrasya
sarvabhāvādhiṣṭātṛtvaṃ sarvajñātṛtvaṃ ca

Wenn einem Menschen der Unterschied zwischen seinem Geist und der ihm innewohnenden erkennenden Instanz vollkommen bewußt wird, so wird er jeden möglichen Geisteszustand verstehen. Er wird auch verstehen, wie es zu dem einen oder zu dem anderen Geisteszustand kommt. Dann wird der Geist zu einem perfekten Instrument der Wahrnehmung.

Patañjali warnt in den nächsten Sûtren noch einmal davor, die besonderen Fähigkeiten, die sich aus der Meditation ergeben können, als das letzte und höchste Ziel im Yoga zu verstehen. Werden diese Ergebnisse zu Früchten, nach denen wir greifen und die in uns den unersättlichen Wunsch hervorrufen, uns wieder und wieder an ihnen zu laben, so werden sie uns mit Sicherheit daran hindern, weitere Fortschritte zu machen.

3.50.

tadvairāgyādapi doṣabījakṣaye kaivalyam

Wirkliche Freiheit, das höchste Ziel im Yoga, wird nur dann erreicht, wenn ein Mensch sich von jeglichem Verlangen nach besonderem Wissen und außergewöhnlichen Fähigkeiten vollständig getrennt hat und wenn er die Hindernisse schon im Keim beherrscht.

3.51.

sthānyupanimantraṇe saṅgasmayākaraṇaṃ punaraniṣṭaprasaṇgāt

Wer aufgrund des durch Meditation erlangten außergewöhnlichen Wissens einen Status von hohem Ansehen erlangt hat, ist Versuchungen ausgesetzt. Sie basieren auf der Anerkennung durch andere. Widersteht solch ein Mensch den Versuchungen nicht, so wird er genau die gleichen unerfreulichen Folgen tragen müssen, wie sie sich aus den bekannten Hindernissen auf dem Yogaweg ergeben.

Offensichtlich erwarten uns Fallstricke und Ablenkungen auf jeder Ebene unserer Entwicklung. Je weiter ein Mensch vorangeschritten ist, desto subtiler werden die Gefahren und Hindernisse sein. Wenn wir dem Erwerb besonderer Fähigkeiten mehr Wert beimessen als innerer Freiheit, dann ist es sicher, daß wir selbst das hier beschriebene hohe Niveau wieder verlieren.

3.52.
Im folgenden wird die Meditation auf die Zeit erklärt.

kṣaṇatatkramayoḥ saṃyamādvivekajaṃ jñānam

Richtet sich ein Mensch in der Meditation auf den Augenblick und die Aufeinanderfolge von Augenblicken aus, so wird er die höchste Schau der Unterscheidung erfahren.

Schau der Unterscheidung bedeutet, daß wir den Unterschied zwischen zwei Dingen ganz genau sehen und alles, was wir wahrnehmen, vollkommen klar ohne jegliche Einschränkung erkennen.
Zeit ist ein relativer Begriff; sie existiert durch den Vergleich eines Augenblickes mit einem anderen. Tatsächlich repräsentiert eine Zeiteinheit immer Wandel. Erfassen wir in der Meditation das Wesen eines Augenblickes, so enthüllt sich uns dadurch das Prinzip der Veränderung. Das wiederum hat zur Folge, daß uns auf höchster Ebene die Klarheit der Unterscheidungsfähigkeit zuteil wird.

3.53.

jātilakṣaṇadeśairanyatānavacchedāttulyayostataḥ pratipattiḥ

Diese höchste Klarheit ermöglicht es, deutlich die Verschiedenheit von Dingen zu erkennen, die scheinbar gleich sind und sich nicht einmal nach den üblichen Unterscheidungskriterien wie Gattung, Merkmal und Ort voneinander trennen lassen.

Wir sollten uns durch eine augenscheinliche Ähnlichkeit von Dingen oder Phänomenen nicht in die Irre führen lassen, sondern uns immer um eine ganz deutliche und unterscheidende Wahrnehmung dessen, was wir erkennen wollen, bemühen.

3.54.
Die außergewöhnliche Klarheit, die mit der vorher beschriebenen Unterscheidungsfähigkeit einhergeht, wird nun noch weiter erläutert.

tārakaṃ sarvaviṣayaṃ sarvathāviṣayamakramaṃ
ceti vivekajaṃ jñānam

Die höchste Schau der Unterscheidung geschieht spontan und unmittelbar; sie schließt alle Bereiche ein und bezieht sich auf alle Ebenen zu allen Zeiten. In diesem Zustand von absoluter Klarheit verläuft der Prozeß des Erkennens nicht mehr in der gewöhnlichen Abfolge; er ist spontan, unmittelbar und vollständig.

Was ist Freiheit?

3.55.

sattvapuruṣayoḥ śuddhisāmye kaivalyam

Wenn unser Geist mit dem in uns, was erkennt, vollständig identisch ist, herrscht Freiheit.

Und dies gilt ohne Abstriche. Der Geist ist dann frei von jeder Farbe, frei von jeder aus ihm selbst heraus entstehenden Charakteristik.

Kapitel 4

kaivalyapādaḥ

In diesem letzten Kapitel, kaivalyapāda, *stellt Patañjali dar, was es bedeutet, wenn ein Mensch über einen völlig klaren Geist verfügt. Einem solchen Menschen dient sein Geist und beherrscht ihn nicht. Wird dem Geist jedoch erlaubt, die Rolle des Herrn zu spielen, so werden auch die außergewöhnlichsten Fähigkeiten immer nur Probleme verursachen. Wirkliche Gelassenheit wird jemand auf diese Weise nie erreichen.*

Das Kapitel diskutiert und vertieft einige Themen, die schon in den vorangegangenen drei Teilen des Yoga Sûtra vorgestellt und erläutert wurden und beginnt mit einem erneuten Blick auf die positiven Veränderungsprozesse, die in unserem Geist möglich sind. Dabei wird jetzt hervorgehoben, auf welch unterschiedliche Weise eine solche Entwicklung zustande kommen kann. Außerdem wird dargelegt, daß jede Veränderung wesentlich davon bestimmt ist, daß Fähigkeiten und Eigenschaften, die vorher in der Tiefe ruhten, an die Oberfläche treten.

Darüber hinaus erfahren wir, daß ein Mensch, dessen Geist sich auf einem hohen Niveau bewegt, leicht Einfluß auf andere nehmen kann und es werden die daraus resultierenden Konsequenzen

im Verhältnis von LehrerIn und SchülerIn diskutiert.
Das vierte Kapitel endet mit einer Beschreibung des Zieles von Yoga. Ein Zustand von unübertrefflicher Freiheit wird als das Höchste beschrieben, was wir erreichen können. In jedem von uns ruht eine tiefe Sehnsucht, diese Freiheit zu erfahren, und Patañjali läßt keinen Zweifel daran, daß wir sie auch erreichen können.

Aufgrund welcher Ursachen können außergewöhnliche Fähigkeiten hervortreten?

4.1.

Zu Anfang des vierten Kapitels greift Patañjali noch einmal eines der wichtigen Themen des dritten Kapitels auf: Welche besondere Fähigkeiten kann ein Mensch erreichen? Es werden fünf Ursachen aufgezählt, aus denen solche Fähigkeiten entstehen können.

janmauṣadhimantratapaḥsamādhijāḥ siddhayaḥ

Außergewöhnliche Fähigkeiten auf geistiger Ebene können unterschiedlichen Ursprungs sein. Sie können angeboren sein, sie können durch die Verwendung von Kräutern in Verbindung mit bestimmten Ritualen, durch die Rezitation von mantra, durch strenge Askese und durch den Zustand eines Geistes hervorgerufen werden, der ohne Ablenkung bei seinem gewählten Objekt bleibt.

Einige Menschen kommen schon mit außergewöhnlichen Fähigkeiten begabt zur Welt. Die Veden beschreiben verschiedene Rituale, in denen durch die Einnahme besonderer Kräuterzubereitungen die Persönlichkeit eines Menschen geändert werden kann. Auch verschiedene Arten der Rezitation besonderer Silben und Verse, in passender Weise von einem kompetenten Lehrer eingeführt, können positive Veränderungen bringen. Weiter berichten die alten Schriften von den großen Errungenschaften, die Menschen durch strenge Askese erreichen konnten. Schließlich sind auch noch die Möglichkeiten all jener zu nennen, die dem achtgliedrigen Yogaweg folgen, der hier unter dem Wort samâdhi zusammengefaßt ist. Diese Menschen haben ihren Geist schrittweise von einem Zustand der Unruhe zu einem Zustand von aufrechtgehaltener Ausrichtung gewandelt. Später wird erläutert, warum Patañjali der Praxis dieses Yogaweges den Vorzug vor all den anderen Alternativen gibt.

Zuerst aber wird in diesem Zusammenhang eine grundsätzliche Frage gestellt:
Wie kommt es, daß eine Veränderung zur Entwicklung vorher nicht zur Verfügung stehender Fähigkeiten führt?

Im Yoga ist niemals die Rede davon, daß irgend etwas Neues erworben werden müßte. Alle uns möglichen Qualitäten sind in uns schon vorhanden; es geht nur darum, sie zum Vorschein und zum Wirken zu bringen. Das folgende Sûtra beschreibt, was in einem Menschen geschieht, wenn er ihm bisher nicht mögliche Fähigkeiten entwickelt.

4.2.

jātyantarapariṇāmaḥ prakṛtyāpūrāt

Ein Wandel von einer Art von Eigenschaften zu einer anderen ist nichts als eine Verschiebung innerhalb der vorhandenen Eigenschaften von Materie.

Alles, was wir wahrnehmen, unser Geist eingeschlossen, setzt sich aus den drei guṇa, den drei Grundqualitäten, Klarheit, Bewegung und Schwere zusammen. Jede mögliche Eigenschaft, die sich zu einem bestimmten Zeitpunkt zeigt, beruht auf einer besonderen Kombination der drei guṇa. Die außergewöhnlichen Fähigkeiten, von denen im vorangegangenen Sûtra die Rede ist, sind Folge einer Veränderung innerhalb dieser Eigenschaften unseres Geistes.

4.3.
Wie kann eine Veränderung von Materie oder Geist erreicht werden? Sie wird möglich durch eine Kraft von großer Tiefe und Intelligenz.

nimittamaprayojakaṃ prakṛtīnāṃ varaṇabhedastu
tataḥ kṣetrikavat

Eine solch intelligente Kraft kann jedoch nur die Hindernisse beseitigen, die bestimmten Veränderungen im Wege stehen. Die Rolle dieser Kraft ist keine andere als die eines Bauern, der einen Damm durchsticht, damit Wasser in das Feld fließen kann, in dem es benötigt wird.

Diese tiefe Intelligenz ist gleichbedeutend mit der Fähigkeit, die Rolle der guṇa im Prozeß der Veränderung bestimmter Eigenschaften zu sehen. So wird zum Beispiel ein Bauer, der erfahren ist und sein Feld und die Notwendigkeiten für eine gute Ernte kennt, die Bewässerung entsprechend zu gestalten wissen. Ein unwissender Anfänger dagegen, der sich gerade erst auf den Feldbau eingelassen hat, wird vielleicht keinen Erfolg haben, obgleich der Boden, das Wasser, das Klima und die Arbeitsmittel, die ihm zur Verfügung stehen, eigentlich gut geeignet sind.

Wie kann ein Mensch, der besondere Fähigkeiten entwickelt hat, auf andere Menschen wirken, und welche Rolle spielt es dabei, auf welche Weise er diese Fähigkeiten erworben hat?

Die folgenden fünf Sûtren werden im Zusammenhang dieser Übertragung unter einem besonderen Gesichtspunkt interpretiert, nämlich: Wie ist die Rolle des Lehrers, der Lehrerin im Yoga zu sehen? Diese Interpretation wirft ein besonderes Licht auf diese sonst meist sehr dunkel bleibenden Sûtren und gibt ihnen eine ausgesprochen praktische Bedeutung. Der hier gewählte Bezug der Sûtren auf dieses Thema gründet im Yoga Sûtra-Kommentar von Vâchaspati-Miçra aus dem 9. Jahrhundert. In seiner Kommentierung des Sûtra 4.5. prägt Vâchaspati-Miçra den Begriff des „leitenden Geistes" (nāyaka citta), *also des Geisteszustands eines besonderen Menschen, der Einfluß auf den Geist anderer Menschen nehmen kann.*

4.4.

nirmāṇacittānyasmitāmātrāt

Ein Mensch, der außergewöhnliche Fähigkeiten in seinem Geist entwickelt hat, kann eine Veränderung im Geist anderer Menschen bewirken.

4.5.

pravṛttibhede prayojakaṃ cittamekamanekeṣām

Sein Einfluß ist unter anderem abhängig vom Zustand derjenigen, die von ihm beeinflußt werden.

Wie empfänglich ist ein Mensch? Wie offen ist er gerade in diesem Augenblick? Welche Fähigkeiten hat eine Person? Welche Erfahrungen liegen hinter ihr? Diese Dinge sind von großer Bedeutung für die Folgen, die sich für jemanden aus dem Einfluß einer anderen Person ergeben.

Auch ein heftiger Regenguß kann viel mehr als nur eine Reaktion hervorrufen: Regnet es endlich in einer Gegend, die von einer Dürrekatastrophe bedroht war, so wird der Regen den Menschen Erleichterung bringen. Ist allerdings eine Mutter mit ihrem Kind dem Regen obdachlos ausgesetzt, so wird sie sich sehr sorgen. Schaut man sich dagegen etwa die Ozeane an, so wird man feststellen, daß ein Regenguß hier keine erwähnenswerte Auswirkung zeigt.

4.6.
Die Wirkung, die eine Einflußnahme hat, hängt jedoch nicht allein von dem ab, auf den sie trifft. Die Wirkungen, die ein Mensch auf den Zustand des Geistes anderer Menschen haben wird, sind vor allem auch von dem Weg geprägt, der ihm schließlich diesen besonderen Einfluß auf andere möglich gemacht hat.

tatra dhyānajamanāśayam

Nur diejenige Person, die ihren Geist durch kontinuierliche Meditation als Teil des Yogaweges in einen Zustand vollkommener Klarheit gebracht hat, wird durch ihr Wirken bei anderen Menschen weder Angst noch andere Probleme hervorrufen.

Darüber hinaus werden durch den Einfluß einer solchen Person Angst und andere Hindernisse im Geist eines Menschen verringert. Wenn ein Mensch also besonderen Einfluß auf den Geisteszustand anderer Menschen nehmen kann, so ist es von Bedeutung, wie er diese Möglichkeit der Beeinflussung erlangt hat.
Fünf verschiedene Möglichkeiten wurden im ersten Sûtra dieses Kapitels genannt, mit deren Hilfe sich besondere Qualitäten in einem Menschen entfalten können. Unter diesen stellt Patañjali die Praxis des achtgliedrigen Yoga als den Weg heraus, der garantiert, daß der Einfluß, den eine Person auf eine andere nimmt, keine negativen Folgen haben wird. Menschen, die Schritt für Schritt vorangegangen sind und die sich immer mehr von hinderlichen Strukturen in ihrem Geist gelöst haben, sind nicht blind für die Bedingungen menschlichen Leids. Sie erkennen, was andere Menschen bedrückt und wo die Ursachen für ihr Unwohlsein liegen.

4.7.

karmāśuklākṛṣṇaṃ yoginastrividhamitareṣām

Ein Mensch, der außergewöhnliche Fähigkeiten durch die Praxis des achtgliedrigen Yogaweges erlangt hat, handelt absichtslos. Diejenigen aber, die auf andere Weise besondere Fähigkeiten entwickelt haben, werden in ihrem Handeln immer durch die eine oder andere Absicht geleitet sein.

Das Sûtra 4.1. nannte verschiedene Möglichkeiten, wie der Geist eines Menschen zu außergewöhnlicher Kraft gelangen kann. Von allen Menschen, denen dies gelingt, sind nur diejenigen, die über lange Zeit einer Yogapraxis auf die richtige Weise gefolgt sind und dadurch einen Zustand größter Klarheit erlangt haben, im Handeln tatsächlich erwartungslos. Sie nehmen ganz natürlich und ohne Ehrgeiz am Schicksal von anderen Menschen Anteil und können anderen helfen, ihrem Vorbild zu folgen. Die anderen mögen uns so erscheinen, als befänden sie sich in einem Zustand von Yoga. Ihre Klarheit und ihre Fähigkeit, nicht anzuhaften, sind jedoch weniger tiefgehend und schwankender. Nehmen solche Menschen Einfluß auf andere, so sind die Auswirkungen von dreierlei Art: entweder gut oder schlecht oder nicht einschätzbar. Darüber hinaus fehlt ihnen oft ein Bewußtsein davon, daß Ratsuchende in ihrer Zerrissenheit und Begrenztheit ihnen gar nicht folgen können.

4.8.

Wodurch entstehen diese Differenzen zwischen Menschen, die doch alle in ihrer geistigen Kraft ein besonderes Niveau erreicht haben? Es liegt daran, daß dem Geist die Tendenz innewohnt, auf der Basis der fünf **kleśa** zu agieren, über die im zweiten Kapitel so ausführlich gesprochen wurde.

tatastadvipākānuguṇānāmevābhivyaktirvāsanānām

Diese Tendenz des Geistes tritt dann wieder an die Oberfläche und beeinflußt das Handeln entsprechend.

Nur eine kontinuierliche Yogapraxis, die alle in den vorangegangenen Kapiteln beschriebenen Aspekte auf harmonische Weise miteinander verbindet, kann das Wirken der **kleśa** im Geist verringern und so dazu führen, daß diese negativen Tendenzen, die tief in uns ruhen, nicht mehr aktiv werden. Die Tatsache, in einen Zustand von Yoga hineingeboren worden zu sein, die Verwendung von Kräutern oder die anderen im Sûtra 4.1. beschriebenen Mittel sind in diesem Zusammenhang nicht genauso wirksam.

4.9.
Über das im vorherigen Sûtra Beschriebene hinaus ist für das Wiederaufleben negativer Tendenzen in uns folgendes von Bedeutung:

jātideśakālavyavahitānāmapyānantaryaṃ
smṛtisaṃskārayorekarūpatvāt

Strukturen, die als Ergebnis von Handlungen in uns ruhen, einerseits und Erinnerungen andererseits sind sehr eng miteinander verbunden. Auch wenn sie durch Zeit, Raum oder Umstände getrennt sind, so bleiben diese inneren Strukturen und unsere Erinnerungen dennoch immer in starker Verbindung miteinander.

Die Verbindung zwischen tiefen Strukturen und Erinnerungen spielt eine wichtige Rolle in unserem Leben. Sie hat großen Einfluß auf unser Verhalten und dessen Folgen. Ist ein Mensch beispielsweise in einer Umgebung aufgewachsen, die ihn gezwungen hatte, sehr mißtrauisch zu sein, so ist es leicht möglich, daß dieses Gefühl von Mißtrauen auch noch Jahre später in Situationen wieder auflebt, die in ihm diese alten Erinnerungen wach werden lassen. Das ist ganz unabhängig davon, wie angemessen dieses Mißtrauen in diesem Moment wirklich ist.

4.10.
Wo liegt der Ursprung dieser tiefen Muster, die unsere Handlungen in unangenehmer Weise beeinflussen können?

tāsāmanāditvaṃ cāśiṣo nityatvāt

Der Wunsch nach Unsterblichkeit ist bei allen Menschen schon immer vorhanden. So kann auch diesen inneren Strukturen kein Anfangspunkt zugeordnet werden.

Offensichtlich gibt es in uns allen den Wunsch, ewig zu leben. In diesem Wunsch liegt für Patañjali die Ursache für die Anfangslosigkeit unserer inneren Strukturen begründet.

4.11.
Solche inneren Strukturen sitzen oft sehr tief und sind nur schwer zugänglich. Was können wir tun, um sie dennoch zu erreichen und daran zu arbeiten, daß sie an Kraft verlieren und positive Tendenzen unterstützt werden?

hetuphalāśrayālambanaiḥ saṅgṛhītatvādeṣāmabhāve tadabhāvaḥ

Bestimmte Strukturen in uns werden unterstützt und aufrechterhalten durch das, was sie verursacht hat, durch die Wirkungen, die sie hervorbringen, durch einen bestimmten Zustand unseres Geistes und durch gewisse äußere Umstände. Verschwinden all diese Faktoren, so werden jene inneren Muster nicht mehr wirken.

Das, worin diese Strukturen begründet liegen, ist im Wesentlichen das falsche Verstehen dessen, was wir wahrnehmen. Zudem hängen wir gewohnheitsmäßig an den Ergebnissen unseres Tuns. Auch äußere Umstände wie die Gesellschaft von Menschen, die unsere schwachen Seiten hervortreten lassen, tragen zum Erhalt dieser Strukturen bei. Und nicht zuletzt wird unser Geist, wenn er dominiert ist von Unruhe schaffenden Kräften, diese Tendenzen erhalten und unterstützen.
Patañjali hat in den vorangegangenen Kapiteln zahlreiche Vorschläge gemacht, wie wir solche Faktoren, die hinderliche Strukturen in uns unterstützen und ihr Wiederauftauchen begünstigen, verringern können. Dabei kommt einer regelmäßigen und schrittweisen Praxis zur Veränderung unseres Geistes ein zentraler Stellenwert zu. Für eine solche Praxis stehen uns viele Möglichkeiten offen; auf die Hilfe Gottes zu vertrauen ist zum Beispiel eine davon. Aber für all diejenigen, die mit der Vorstellung von Gott nichts anfangen können, werden in den ersten drei Kapiteln des Yoga Sûtra andere Wege beschrieben. Und so wie unser Geist in einem Zustand von Unklarheit das Auftreten von negativen Tendenzen begünstigt, unterstützt umgekehrt ein klarer Geist unsere positiven Strukturen, die nicht mit den kleśa verbunden sind.

Im Folgenden werden nun noch einmal einige grundsätzliche Fragen aufgegriffen und diskutiert, die in den vorangegangenen Kapiteln schon behandelt wurden.

4.12.

atītānāgataṃ svarūpato 'styadhvabhedāddharmāṇām

Die Essenz dessen, was sich nicht mehr zeigt, ebenso wie dessen, was sich noch nicht gezeigt hat, ist dennoch immer da. Ob sich Zukünftiges oder Vergangenes in einem bestimmten Moment zeigen oder nicht, hängt ab davon, welche Wege die Veränderung seiner Manifestation nimmt.

Nichts kann vollständig ausgelöscht werden. Was in einem Prozeß von Veränderung verschwindet oder sich erst in Zukunft zeigen wird, schläft in Wirklichkeit nur.

4.13.

te vyaktasūkṣmā guṇātmānaḥ

Ob einzelne Charakteristiken in Erscheinung treten oder nicht, hängt von den Veränderungen innerhalb der drei *guṇa* ***ab.***

Alle Erscheinungen sind aus den drei Grundeigenschaften Bewegung, Schwere und Klarheit gewoben. Alle Besonderheiten, die wir wahrnehmen sind verschiedene Zusammensetzungen dieser drei Grundqualitäten.

4.14.

pariṇāmaikatvādvastutattvam

Jeder Gegenstand befindet sich stets im Wandel; seine Besonderheit in einem bestimmten Augenblick ist immer nur in einer besonderen Veränderung in diesen drei Qualitäten begründet.

Unter Gegenstand sind alle möglichen Objekte zu verstehen, auch die Sinne, unser Geist, gedankliche Inhalte oder Emotionen. Das, was in einem Augenblick als Gegenstand erscheint, sind also immer Charakteristiken, die ein bestimmtes Moment in einem ständig stattfindenden Veränderungsprozeß darstellen. Dieser kontinuierliche Prozeß hängt von vielen Faktoren ab. Wenn wir bestimmte Veränderungen erreichen wollen, auch Veränderungen in unserem Geist, so müssen wir die möglichen Kombinationen dieser drei Grundeigenschaften kennen und verstehen, wie wir Einfluß darauf nehmen können. Es gibt sehr vieles, wodurch wir selbst Veränderung beeinflussen können, angefangen bei unserer Übungspraxis über die Wahl der Umgebung oder den Kontakt mit einer Person, deren Geist sehr klar ist, bis hin zu solchen Aspekten wie zum Beispiel unsere Ernährung.

4.15.
Sind die Besonderheiten, die ein Beobachter bei einem Objekt sieht, tatsächlich auch die wirklichen Charakteristiken dieses Objektes?

vastusāmye cittabhedāttayorvibhaktaḥ panthāḥ

Derselbe Gegenstand erscheint jedem, der ihn wahrnimmt, anders. Das liegt daran, daß der Zustand des Geistes jeweils verschieden ist.

In diesem Sûtra wird sowohl ausgedrückt, daß verschiedene Beobachter, deren geistiger Zustand sich zu ein und derselben Zeit voneinander unterscheidet, einen Gegenstand unterschiedlich wahrnehmen, als auch die Tatsache, daß ein Mensch denselben Gegenstand zu verschiedenen Zeiten unterschiedlich wahrnimmt. So wird beispielsweise ein hinduistischer Tempel von einem Gläubigen als ein Platz der Verehrung empfunden, für einen Bettler ist es ein Ort, wo es besonders reichlich Almosen gibt, ein Tourist sieht darin vor allem ein Bauwerk von künstlerischem Wert, und für einen Atheisten schließlich ist es ein Platz, an dem einem unsinnigen Aberglauben nachgegangen wird.
Patañjali argumentiert hier zum ersten Mal gegen gängige philosophische Sichtweisen seiner Zeit. Er setzt diese Auseinandersetzung in dem folgenden Sûtra fort. Das zeigt sich auch in der Veränderung seines Stils, der hier emphatischer und argumentativer wird.

4.16.
Läßt das, was in dem vorangegangenen Sûtra gesagt wird, nicht Zweifel darüber aufkommen, daß ein Gegenstand unabhängig von unserer Wahrnehmung existiert? Kann ein Gegenstand einfach nur in der Vorstellung eines Menschen existieren, ohne eine eigene unabhängige Realität?

na caikacittatantraṃ cedvastu tadapramāṇakaṃ
tadā kiṃ syāt

Nein, es ist nicht richtig, daß die Welt um uns herum nur eine Ausdehnung unseres Geistes ist. Was geschähe dann mit ihr, wenn wir sie nicht wahrnähmen?

Patañjali stellt hier eine rhetorische Frage. Die Antwort ist für ihn klar. Die Existenz eines Objektes hängt nicht davon ab, ob es von jemandem beachtet wird. Die Welt würde nicht einfach verschwinden, wenn sie nicht wahrgenommen wird. Ein Fluß hört auch nicht auf zu fließen, nur weil niemand hinschaut.

4.17.
Wovon hängt die Wahrnehmung eines Gegenstandes ab?

taduparāgāpekṣitvāccittasya vastu jñātājñātaṃ

Ob ein Gegenstand wahrgenommen wird oder nicht, hängt davon ab, ob der Gegenstand uns zugänglich ist, und davon, ob in uns der Wunsch entsteht, ihn zu erkennen.

Die Tatsache der Wahrnehmung ist von drei Faktoren abhängig. Zunächst muß es den Gegenstand überhaupt geben. Dann muß er unserer Beobachtung zugänglich sein, und letztendlich muß uns der Gegenstand auf irgend eine Weise ansprechen und unser Interesse wecken.

Welche Rollen kann der Geist einnehmen, und wozu dient er?

In den folgenden Sûtren setzt Patañjali die Diskussion über sein Verständnis vom Zusammenhang zwischen unserem menschlichen Geist und der Welt fort. Gegen eine in Indien geläufige Meinung, daß alles, was wir wahrnehmen, nur ein Produkt unseres Geistes sei, hat Patañjali bereits weiter oben argumentiert. Manche Denksysteme vertreten die Ansicht, daß unser Geist in ein und demselben Augenblick den Gegenstand seiner Wahrnehmung erschaffen und gleichzeitig wahrnehmen könnte. Wieder andere philosophische Strömungen behaupten, daß es gar nicht notwendig sei zu fordern, daß unser Geist zwei Dinge gleichzeitig tun kann, da sich unser Geist von Augenblick zu Augenblick erneuert. In jedem Moment ist der Geist ein anderer. Einmal ist er einer, der Bilder erschafft, und dann einer, der sie erkennt und beobachtet. Nicht unser Geist, sondern eine andere Instanz tief in unserem Innern hat die Fähigkeit zu erkennen. Patañjali beschreibt, daß unser Geist viele verschiedene Färbungen annehmen kann, daß er sowohl der Wahrnehmung äußerer Gegenstände als auch dem Erkennen von unserer tiefsten Wirklichkeit dienen kann.

4.18.
Das in uns, was zur Wahrnehmung fähig ist, wird beschrieben.

sadā jñātāścittavṛttayastatprabhoḥ puruṣasyāpariṇāmitvāt

Die Bewegungen unseres Geistes werden vom Seher in uns immer wahrgenommen. Er ist unveränderlich und Meister über unseren Geist.

Unser Geist kann nicht ohne die erkennende Kraft in uns, den „Seher", wie Patañjali sie nennt, tätig sein. Der Geist unterliegt dem Wandel; der Seher nicht. Der Geist hat die Qualität von Trägheit; der Seher nicht. Er ist es, der alle Aktivitäten unseres Geistes wahrnimmt.

4.19.

na tatsvābhāsaṃ dṛśyatvāt

Der Geist ist ein Teil dessen, was wahrgenommen wird, und besitzt aus sich heraus keine Fähigkeit zu erkennen.

In gleicher Weise wie äußere Objekte, der Körper und die Sinne wahrgenommen werden, wird auch unser Geist aufgrund seiner Aktivitäten wahrgenommen. Der Geist verändert sich, daher kann er nicht selbst erkennen. Er hat keine eigene Form, sondern er nimmt immer die Form des Gegenstandes an, mit dem er sich verbindet.

4.20.

ekasamaye cobhayānavadhāraṇam

Darüber hinaus kann unser Geist im gleichen Augenblick nicht zwei verschiedene Rollen einnehmen.

Damit wird der Behauptung widersprochen, daß unser Geist ein Objekt gleichzeitig erschaffen und wahrnehmen könnte. Es braucht neben dem Geist eine andere Instanz, die die Fähigkeit zur Wahrnehmung hat.

4.21.

cittāntaradṛśye buddhibuddheratiprasaṅgaḥ smṛtisaṅkaraśca

Wenn der Geist eines Menschen von Augenblick zu Augenblick ein anderer wäre, dann würde Verwirrung in der Wahrnehmung herrschen, und es wäre schwierig, eine Folgerichtigkeit in der Erinnerung aufrechtzuerhalten.

Die letzten beiden Sûtren legen nahe, daß es eine von unserem Geist unabhängige Instanz geben muß, die erkennt. Natürlich beeinflußt unser Geist sehr stark, wie etwas wahrgenommen wird. Das Objekt unserer Wahrnehmung hat eine vom Ursprung der Wahrnehmung unabhängige Existenz. Würden wir auf der Vorstellung bestehen, daß unser Geist von einem Augenblick zum nächsten ein anderer und daß er Ursprung, Mittel und Gegenstand der Wahrnehmung gleichzeitig ist, hätten wir große Schwierigkeiten zu erklären, wie sich jemand an Vergangenes erinnern kann, wie jemand mit anderen Erlebtes teilen könnte und warum ein Objekt, das eine Person wahrnimmt, nicht notwendigerweise von einer anderen auf die gleiche Weise oder überhaupt wahrgenommen werden muß.

4.22.
Die Rolle, die unser Geist spielen kann, kann über die Wahrnehmung äußerer Gegenstände hinausgehen.

citerapratisaṅkramāyāstadākārāpattau
svabuddhisaṃvedanam

Wenn unser Geist sich nicht mit dem verbindet, was vor ihm liegt, so nimmt er die Form der hinter ihm stehenden erkennenden Kraft in uns an. Dann ist vollkommenes Verstehen möglich.

Erregen weder Gedanken, Erinnerungen noch irgendwelche andere Reize unsere Aufmerksamkeit, so werden in unserem Geist keine alten Strukturen aktiviert. Unser Geist ist dann ganz und gar mit dem Seher in uns verbunden und identisch mit ihm. In diesem Augenblick kann der Seher selbst erkannt werden; ein solches Erkennen rührt nicht von unserem Geist her. Patañjali bezieht sich hier noch einmal auf das im Sûtra 3.55. beschriebene Konzept von Freiheit.

4.23.
Die Rolle, die unser Geist in unserem Leben spielt, wird weiter definiert.

draṣṭṛdṛśyoparaktaṃ cittaṃ sarvārtham

So dient uns unser Geist in zweierlei Hinsicht. Er ist in der Lage, den Seher in uns widerzuspiegeln, wodurch er sich selbst erfährt. Außerdem dient er dem Seher dadurch, daß er alles andere Wahrnehmbare vor ihm ausbreitet.

4.24.

tadasaṅkhyeyavāsanābhiścitramapi parārtaṃ saṃhatyakāritvāt

Obgleich unser Geist durch zahllose Strukturen unterschiedlichster Art gefärbt ist, dient er immer der erkennenden Kraft in uns.

Für sich allein genommen erfüllt der Geist keinen Zweck. Für sich allein kann er nicht arbeiten.

Gibt es auch auf der höchsten Ebene von Klarheit noch Bewegungen und Veränderungen?

4.25.

Patañjali beschreibt im folgenden einen Menschen, dessen Geist den höchstmöglichen Grad von Klarheit erreicht hat.

viśeṣadarśina ātmabhāvabhāvanānivṛttiḥ

Ein Mensch mit der Fähigkeit zu außergewöhnlicher Schau ist frei von dem drängenden Wunsch, das Wesen der in seinem Herzen wohnenden erkennenden Kraft zu verstehen.

Der Mensch, von dem Patañjali in diesem Sûtra spricht, hat etwas Besonderes erfahren. Er hat seine wahre Natur gefühlt. Daher braucht er nicht mehr über den Seher in seinem Innern zu spekulieren und Fragen wie „Woher komme ich?", „Wer bin ich?" oder „Was wird aus mir werden?" entstehen nicht mehr. Solche Fragen sind Produkte der kleśa. Dagegen ist der hier beschriebene Zustand frei von kleśa.

4.26.

tadā vivekanimnaṃ kaivalyaprāgbhāraṃ cittam

Die Klarheit solcher Menschen führt sie zu ihrem einzigen wirklichen Anliegen, einen Zustand von vollkommener Freiheit zu erreichen und darin zu verweilen.

Ist ein Mensch mit dieser außerordentlichen Klarheit im Geist gegen jegliche Rückfälle gefeit?

4.27.

tacchidreṣu pratyayāntarāṇi saṃskārebhyaḥ

Im Falle der Ablenkung von diesem Ziel können störende alte Strukturen wieder auftauchen.

Auch ein Mensch, der diese hohe Stufe von Klarheit erreicht hat, kann also nicht vor Rückschlägen sicher sein. Obgleich unwahrscheinlich, ist es selbst jetzt noch möglich, daß überwunden geglaubte hinderliche Strukturen wieder an die Oberfläche treten. Der Geist bleibt immer dem Wandel unterworfen.

4.28.
Wie können solche Rückfälle gemeistert werden?

hānameṣāṃ kleśavaduktam

Ein Mensch kann eine Lösung für diese Situation finden, indem er das anwendet, was an anderer Stelle in bezug auf die *kleśa* ***erläutert worden ist.***

Selbst in so einem außergewöhnlich geklärten Zustand bleibt die Hilfe einer Lehrerin oder eines Lehrers von entscheidender Wichtigkeit.
In Sûtra 1.30. nennt Patañjali neun Arten von Hindernissen, darunter auch die Unfähigkeit, das Erreichte zu bewahren. Diese Unfähigkeit ist für Patañjali ein Problem, das genauso ernst zu nehmen ist wie Krankheit oder Zweifelsucht.

4.29.
Was erwartet uns, wenn diese letzten Schwierigkeiten genommen sind?

prasaṅkhyāne 'pyakusīdasya sarvathā
vivekakhyāterdharmameghaḥ samādhiḥ

Es entsteht ein Zustand des Geistes voller Klarheit, der alles in jedem Augenblick einschließt. Er gleicht einem Regenschauer aus purer Klarheit.

Das Leben ist voller Zufriedenheit, der Blick nie getrübt, und außergewöhnliche Fähigkeiten werden nie mißbraucht.

4.30.

tataḥ kleśakarmanivṛttiḥ

Jetzt ist tatsächlich ein Zustand erreicht, in dem sich das Handeln eines Menschen nicht mehr auf den kleśa gründet.

Damit ist aber keineswegs ein Leben ohne Aktivität und Handeln gemeint. Vielmehr ist das Leben jetzt frei von eigennützigen Interessen und irrtümlichen Annahmen.

4.31.

tadā sarvāvaraṇamalāpetasya jñānasyānantyājjñeyamalpam

Wenn der Geist von allen Wolken befreit ist, die ihn von wirklichem Wahrnehmen abgehalten haben, ist alles verstanden, es bleibt nichts, was noch erfahren werden müßte.

Alles ist offensichtlich wie unter dem Licht der strahlendsten Sonne.

4.32.

Was geschieht, wenn einem Menschen dieses höchste Potential zur Verfügung steht?

tataḥ kṛtārthānāṃ pariṇāmakramasamāptirguṇānām

Für Menschen, die das höchste Ziel erreicht haben, endet die bis dahin gültige Abfolge von Veränderungen innerhalb der drei guṇa.

Wir können Einfluß nehmen auf das Spiel der guṇa, ohne dabei unerwünschte Handlungen hervorzurufen. Veränderungen im Geist, im Bereich der Sinne oder im Körper bringen uns nicht mehr in Schwierigkeiten.

4.33.
Das Spiel der drei guṇa hat eine Veränderung erfahren. Das alte Muster ihrer Abfolge, wo sie unvorhersehbar und mit der Wahrscheinlichkeit verbunden waren, Unglück hervorzurufen, hört auf. Patañjali macht keine Aussage darüber, wie die neuen Muster aussehen. Er faßt nur das Prinzip ihrer Abfolge zusammen. In der hier beschriebenen Situation kann der betreffende Mensch die Veränderungen beeinflussen und beherrschen.

kṣaṇapratiyogī pariṇāmāparāntanirgrāhyaḥ kramaḥ

Ein Ablauf ist der Ersatz einer Charakteristik durch eine andere, die auf sie folgt. Ein Ablauf ist mit dem Augenblick verbunden. Das Ersetzen der einen Charakteristik durch eine andere ist darüber hinaus die Grundlage für den Augenblick selbst.

Der Augenblick, die Grundeinheit der Zeit und ein Ablauf, ein kontinuierlicher Strom von Ereignissen und Veränderungen, sind beide aufeinander bezogen. Die Veränderung in der Charakteristik der Objekte ist ihre gemeinsame Grundlage. Der Ablauf wird durch die Veränderungen beeinflußt. Deshalb ist Zeit ihrem Wesen nach relativ und Ausdruck von Veränderung. Die Abfolge von Veränderung ist eine Verschiebung innerhalb der Charakteristiken, die eine auf die andere folgt. (Vergleiche auch die Sûtren 3.15. und 3.52.).

4.34.
Wohin kann Yoga einen Menschen führen? In diesem letzten Sûtra definiert Patañjali noch einmal das höchste Ziel von Yoga.

puruṣārthaśūnyānāṃ guṇānāṃ pratiprasavaḥ kaivalyaṃ svarūpapratiṣṭhā vā citiśaktiriti

Wenn das höchste Ziel erreicht ist, rufen die drei *guṇa* ***keine Reaktionen mehr im Geist hervor. Das ist Freiheit. Der Seher wird nicht mehr durch den Geist gefärbt.***

Dieser Zustand ist gekennzeichnet durch eine Gelassenheit im Handeln ebenso wie im Nicht-Handeln und auch die Entscheidung zum Handeln oder Nicht-Handeln ist frei von innerem Zwang. In der Erfahrung dieser Freiheit drückt sich aus, daß unser Geist dem Seher in uns dient, seinem Meister, der im Herzen eines jeden Menschen wohnt.

Erläuterungen zur Rezitation des Textes

Von alters her wurden die spirituellen Texte Indiens auf eine bestimmte Art und Weise überliefert: von Lehrer zu Schüler, von Mensch zu Mensch, von Mund zu Ohr.

Nur in dem engen Kontakt von Lernendem mit Lehrer erschien es den Alten möglich, das Entstehen von Fehlern im Verständnis und in der Weitergabe der Inhalte des Wissens zu vermeiden. Erste Voraussetzung dafür war, daß der Text buchstabengetreu gekannt und erinnert wurde. Das auswendige Rezitieren wurde als Garantie für ein solches Wissen angesehen und war deshalb unabdingbare Voraussetzung des Lernens und Diskutierens eines jeden Textes, so auch der Sûtren von Patañjali.

Die genaue Wiedergabe der Aussprache und Betonung einzelner Buchstaben, das Wissen um die Länge von Vokalen, die Dehnung von Silben war nötig, um Fehler zu vermeiden, die den Textinhalt verfälschen könnten. So bedeutet zum Beispiel das Wort **āviveka**, ausgesprochen mit einem gedehnten A am Anfang, ein „*Unterscheidungsvermögen, welches keine Grenzen kennt*“. Wird es mit kurzem A ausgesprochen (**aviveka**), so meint es die „*Abwesenheit von Unterscheidungsvermögen*“, ein Unterschied von bedeuten-

der Relevanz also. Die Technik, die ein solch korrektes Erinnern erreichte, bestand darin, daß die Schüler das jeweilige Textstück zweimal selbständig und auswendig wiederholen mußten, nachdem sie es einmal vom Lehrer gehört hatten, und dies so lange, bis es fehlerfrei wiedergegeben werden konnte. Jede Vermittlung von Texten vollzog sich ausschließlich in mündlicher Form.
Das später niedergeschriebene Sanskrit kennt jeweils zwei verschiedene Buchstaben, will man einen gedehnten von einem kurzen Vokal unterscheiden. In der Transliteration, der „Überschreibung" des Sanskrit in unsere arabischen Schriftzeichen, wurde von wissenschaftlicher indologischer Seite eine bestimmte Schreibweise festgelegt, der alle transliterierten Texte ohne Ausnahme folgen. So wird ein gedehntes „a", „u" und „i" zum Beispiel mit einem Querstrich oberhalb des Buchstabens von einem kurzen gleichlautenden Vokal unterschieden: **ā**, **ū**, **ī**, während „o" und „e" diese Kennzeichnung nicht haben, da sie immer gedehnt ausgesprochen werden.
Sanskrit wird nicht unbetont gesprochen, es hat eine Melodie, folgt einer jeweils genau festgelegten Tonabfolge. Für die Texte, die aus dem literarischen Werk der Veden stammen, sind diese Tonabfolgen seit Jahrtausenden für alle, die sie lernen, verbindlich geregelt. So wird auch noch heute jemand, der in Indien von Tempel zu Tempel reist, den ersten Vers des Rg-Veda überall auf identische Art und Weise rezitiert hören. Alle Sanskrittexte bewegen sich in ihrer Tonabfolge auf drei Tonebenen, die jeweils eine große Sekund voneinander unterscheidet. Die mittlere Ebene, der Grundton, wird **svarita** genannt. Darunter liegt **anudātta**, über dem Grundton liegt die **udātta** genannte Ebene. Die erstaunliche Vielfalt, die aus diesen drei Tonebenen entsteht, hilft, sich Worte einzuprägen, durch Assoziation von Bruchstücken einzelner Verse sie in ihrer Gesamtheit zusammenzusetzen und in ihrer Abfolge zu erinnern.
Andere Texte, wie das Yoga Sûtra, die nicht dem Kanon der Veden entnommen sind, bedienen sich des oben genannten Systems dreier Tonebenen, werden von Tradition zu Tradition jedoch verschieden melodisch gefaßt. Allerdings wird in jeder Tradition streng darauf geachtet, daß die Schülerinnen und Schüler diese Texte

genauestens auf die Art und Weise rezitieren, wie es seit Jahrhunderten in eben dieser Tradition üblich ist. Was also die Schüler des Yoga neben der korrekten Aussprache erlernen mußten, war auch die „Melodie“ des Textes, etwas, was wiederum nur ein Lehrer weitergeben und auf seine Richtigkeit überprüfen konnte.

Vor dem Beginn des ersten Sûtras, „**atha yogānuśāsanam**“, wird ein kleiner Text rezitiert, der Schüler wie Lehrer vorbereitet auf das gemeinsame Unterfangen der Weitergabe des Yoga Sûtra. Beide erinnert er daran, wem wir dieses Meisterwerk des Yoga zu verdanken haben, dem Weisen Patañjali.
Die indische Mythologie, ohne die kein Buch, kein Text auskommt, beschreibt eine Konferenz von Weisen, die Antworten auf drei grundlegende Fragen der Menschheit suchten: Wie können wir zu einem klaren Begreifen kommen? Wie kommen wir zu einer freien und eindeutigen Kommunikation unter uns Menschen? Wie finden wir Antworten im Umgang mit Krankheit? Nach langen fruchtlosen Debatten fand sich die Antwort in einem gemeinsamen Gebet aller Anwesenden. Bei diesem Beten fiel (**pat**) ihnen ein kleines Geschöpf in die gefalteten Hände (**añjali**). Vom Bauchnabel an nach unten hatte es die Form eines kleinen Menschen, oberhalb davon stellte es eine tausendköpfige Schlange dar. In dieser Form wird Patañjali in vielen Bildern und Texten beschrieben, so auch hier. Dieses Geschöpf war es, welches Antworten auf die drei wichtigen Fragen wußte. In der Tat sind sie zu finden im Yoga Sûtra, welches den Weg zu einer Klärung des Geistes und damit zu einem klaren Verstehen weist, in einem großen Sprachkommentar zu den Sanskritregeln und in einer Abhandlung zur Ayurveda, dem traditionellen indischen Gesundheitssystem. Alle drei Werke werden einem Gelehrten namens Patañjali zugeordnet. Diesem Patañjali, dem großen Lehrer, wird dann weiter im Text Hochachtung entgegengebracht und ein Gruß dargeboten.

Erläuterungen zur transliterierten Schreibweise des Textes

Die transliterierte Form des Textes bedarf einer kurzen Erläuterung. Der Text wurde so, wie er hier zu finden ist, aus einer Publikation des Krishnamacharya Yoga Mandiram aus dem Jahre 1985 übernommen. Anliegen der Publikation war es, auch sanskritunkundigen Menschen den Schatz des Yoga Sûtra in seiner Originalform zugänglich zu machen. Aus diesem Grund wurden auch Worte, die im Sanskrit immer miteinander verbunden werden, gebrochen. Die zu rezitierenden Absätze werden damit kürzer und sind besser bewältigbar. In ganz seltenen Fällen wurden dabei auch einmal die grammatikalischen Trennungsregeln bewußt sehr weit ausgelegt.

Aussprechhilfen für die Transliteration

a	wie in D**a**ch
ā	wie in V**a**ter
u	wie in M**u**tter
ū	wie in K**u**chen
i	wie in Gew**i**nn
ī	wie in Gen**ie**
o	wie in S**o**hn
e	wie in S**ee**le
c	wie in **Tsch**etschenien
j	wie in **Dj**ingis Khan
y	wie in **J**ahr
s	wie in wi**ss**en
ś	wie in **S**timme
ṣ	wie in **Sch**uh
v	wie in **W**asser

Nasal ausgesprochen werden:

ṃ
ṅ
ṇ

Folgt ein **h** auf einen Konsonanten, so muß es in der Aussprache immer deutlich zu hören sein, zum Beispiel in:

bhoga, ghati, kham, dharma, atha, phala

r	wird im Sanskrit immer stimmhaft ausgesprochen, also *gerollt* wie im bayrischen Dialekt
ṛ	wird mit einem kurzen „i“ gesprochen, wie in **Ri**nne
t	wird stimmlos ausgesprochen, wie ein nicht ganz geglücktes englisches *„th“*
ṭ	wird wie unser deutsches „t“, also stimmhaft, ausgesprochen
jñ	wie „gnja“
ḥ	Ist ein Punkt unter dem „**h**“, also „**ḥ**“, so wird der vorausgehende Vokal danach noch einmal wiederholt, also:

yogaḥ wird gesprochen wie **yogaha**,
khyāteḥ wie **khyātehe**, **hetuḥ** wie **hetuhu**,
śaktyoḥ wie **śaktyoho**, **duhkhailḥ** wie **duhkhaihi**,
khyātilḥ wie **khyātihi**.

Zur Notierung des Textes

Eine Silbe oder ein Vokal ohne Notierung wird im Grundton (**svarita**) rezitiert, zum Beispiel: **a**.
Befindet sich ein Querstrich unter einer Silbe oder einem Vokal, so werden diese im Unterton (**anudātta**) rezitiert, zum Beispiel: **a̱**.
Ist die Silbe oder der Vokal mit einem vertikalen Strich oben gekennzeichnet, so bedeutet dies, daß in hoher Tonebene (**udātta**) rezitiert werden muss, zum Beispiel: **a̍**.
Gelegentlich finden sich über einem Vokal zwei vertikale Striche, zum Beispiel: **a̎**. In diesem Fall wird die erste Hälfte des Vokals in **svarita**, die zweite Hälfte in **udātta** rezitiert.

Der Text

Die Anrufung Patañjalis

Yogena cittasya padena vācām
malam ṣarīrasyaca vaidyakena
yopākarottam pravaram munīnām
Patañjalim prānjalirānatosmi
ābāhu puruṣākāram
śankhacakrāsi dhārinam
sahasra ṣīrasam śvetam
pranamāmi Patañjalim
śrīmate anantāya nāgarājaya namo namaḥ

Patañjalayogasūtram

1. Samādhipādaḥ

1.1. atha - yogānuśāsanam

1.2. yogaḥ - cittavṛttinirodhaḥ

1.3. tadā - draṣṭuḥ- svarūpe - avasthānam

1.4. vṛttisārūpyam - itaratra

1.5. vṛttayaḥ pañcatayyaḥ - kliṣṭākliṣṭāḥ

1.6. pramāṇa - viparyaya - vikalpa - nidrā - smṛtayaḥ

1.7. pratyakṣa - anumāna - āgamāḥ - pramāṇāni

1.8. viparyayo - mithyājñānam - atadrūpapratiṣṭham

1.9. śabdajñānānupātī - vastuśūnyo - vikalpaḥ

1.10. abhāvapratyayālambanā - tamovṛttirnidrā

1.11. anubhūtaviṣaya - asaṃpramoṣaḥ - smṛtiḥ

1.12. abhyāsavairāgyābhyāṃ - tannirodhaḥ

1.13. tatra sthitau - yatno'bhyāsaḥ

1.14. sa tu - dīrghakāla - nairantarya satkāra ādarā
āsevito - dṛḍhabhūmiḥ

1.15. dṛṣṭānuśravika - viṣayavitṛṣṇasya -
vaśīkārasaṃjñā vairāgyam

1.16. tatparaṃ - puruṣakhyāteḥ - guṇavaitṛṣṇyam

1.17. vitarka - vicāra - ānanda - asmitārūpa
anugamāt - saṃprajñātaḥ

1.18. virāmapratyaya - abhyāsapūrvaḥ -
saṃskāraśeṣaḥ - anyaḥ

1.19. bhavapratyayo - videhaprakṛtilayānām

1.20. śraddhā - vīrya - smṛti - samādhiprajñā -
pūrvaka itareṣām

1.21. tīvrasaṃvegānām - āsannaḥ

1.22. mṛdu - madhya - adhimātratvāt - tato'pi -
viśeṣaḥ

1.23. īśvara - praṇidhānādvā

1.24. kleśa - karma - vipāka - āśayaiḥ -
aparāmṛṣṭaḥ - puruṣaviśeṣa īśvaraḥ

1.25. tatra - niratiśayaṃ - sarvajñabījam

1.26. sa eṣa - pūrveṣāmapi guruḥ -
kālenānavaccedāt

1.27. tasya - vācakaḥ - praṇavaḥ

1.28. tajjapaḥ - tadarthabhāvanam

1.29. tataḥ - pratyakcetanādhigamaḥ - api -
antarāyābhāvaśca

1.30. vyādhi - styāna - saṃśaya - pramāda -
ālasya- avirati - bhrāntidarśana -
alabdhabhūmikatva - anavasthitatvāni -
cittavikṣepāḥ - te - antarāyāḥ

1.31. duḥkha - daurmanasya - aṅgamejayatva -
śvāsapraśvāsāḥ - vikṣepasahabhuvaḥ

1.32. tatpratiṣedhārtham - ekatattvābhyāsaḥ

1.33. maitrīkaruṇā - muditopekṣāṇāṃ -
sukhaduḥkha - puṇyāpuṇyaviṣayānām -
bhāvanātaḥ - cittaprasādanam

1.34. pracchardana - vidhāraṇābhyāṃ -
vā - prāṅasya

1.35. viṣayavatī vā - pravṛttirutpannā - manasaḥ -
sthiti - nibandhinī

1.36. viśokā vā - jyotiṣmatī

1.37. vītarāgaviṣayaṃ vā - cittam

1.38. svapnanidrā - jñānālambanaṃ vā

1.39. yathābhimata - dhyānādvā

1.40. paramāṇu - paramamahattvāntaḥ - asya vaśīkāraḥ

1.41. kṣīṇavṛtteḥ - abhijātasyeva maṇeḥ - grahītṛ - grahaṇa - grāhyeṣu - tatstha tadañjanatā - samāpattiḥ

1.42. tatra - śabdārthajñānavikalpaiḥ - saṇkīrṇā - savitarkā - samāpattiḥ

1.43. smṛtipariśuddhau - svarūpaśūnyeva - arthamātranirbhāsā - nirvitarkā

1.44. etayaiva - savicārā - nirvicārā ca - sūkṣmaviṣayā - vyākhyātā

1.45. sūkṣmaviṣayatvaṃ ca - aliṅgaparyavasānam

1.46. tā eva - sabījaḥ samādhiḥ

1.47. nirvicāravaiśāradye - adhyātmaprasādaḥ

1.48. ṛtaṃbharā - tatra prajñā

1.49. śrutānumānaprajñābhyām - anyaviṣayā - viśeṣārthatvāt

1.50. tajjaḥ - saṃskāraḥ - anyasaṃskārapratibandhī

1.51. tasyāpi nirodhe - sarvanirodhāt - nirbījaḥ samādhiḥ

2. *Sādhanapādaḥ*

2.1. tapaḥ - svādhyāya - īśvarapraṇidhānāni - kriyāyogaḥ

2.2. samādhibhāvanārthaḥ - kleśa - tanūkaraṇārthaśca

2.3. avidyā - asmitā - rāga - dveṣa - abhiniveśāḥ - kleśāḥ

2.4. avidyā kṣetram - uttareṣām - prasupta - tanu - vicchinna - udārāṇām

2.5. anitya - aśuci - duḥkha - anātmasu - nitya - śuci - sukha - ātmakhyātiḥ - avidyā

2.6. dṛkdarśanaśaktyoḥ - ekātmatā - iva - asmitā

2.7. sukhānuśayī - rāgaḥ

2.8. duḥkhānuśayī - dveṣaḥ

2.9. svarasavāhī - viduṣo'pi - samārūḍhaḥ - abhiniveśaḥ

2.10. te - pratiprasavaheyāḥ - sūkṣmāḥ

2.11. dhyānaheyāḥ - tadvṛttayaḥ

2.12. kleśamūlaḥ - karmāśayo - dṛṣṭādṛṣṭajanma - vedanīyaḥ

2.13. satimūle - tadvipāko - jātyāyurbhogāḥ

2.14. te - hlādaparitāpaphalāḥ - puṇyāpuṇyahetutvāt

2.15. pariṇāma - tāpa - saṃskāraduḥkhaiḥ - guṇavṛttivirodhācca - duḥkhameva sarvaṃ - vivekinaḥ

2.16. heyaṃ - duḥkhamanāgatam

2.17. draṣṭṛdṛśyayoḥ - saṃyogo - heyahetuḥ

2.18. prakāśakriyāsthitiśīlaṃ - bhūtendriyātmakaṃ - bhogāpavargārthaṃ - dṛśyam

2.19. viśeṣāviśeṣa - liṅgamātrāliṅgāni - guṇaparvāṇi

2.20. draṣṭā dṛśimātraḥ - śuddho'pi - pratyayānupaśyaḥ

2.21. tadartha eva - dṛśyasya - ātmā

2.22. kṛtārthaṃ - pratinaṣṭam - api - anaṣṭaṃ - tadanyasādhāraṇatvāt

2.23. svasvāmiśaktyoḥ - svarūpopalabdhihetuḥ - saṃyogaḥ

2.24. tasya hetuḥ - avidyā

2.25. tadabhāvāt - saṃyogābhāvo - hānaṃ - taddṛśeḥ - kaivalyam

2.26. vivekakhyātiḥ - aviplavā - hānopāyaḥ

2.27. tasya saptadhā - prāntabhūmiḥ - prajñā

2.28. yogāṅgānuṣṭhānāt - aśuddhikṣaye - jñānadīptiḥ - āvivekakhyāteḥ

2.29. yama - niyama - āsana - prāṇāyāma - pratyāhāra - dhāraṇā - dhyāna - samādhayaḥ - aṣṭau - aṅgāni

2.30. ahiṃsā - satya - asteya - brahmacarya - aparigrahāḥ - yamāḥ

2.31. jāti - deśa - kāla - samaya - anavacchinnāḥ - sārvabhaumāḥ - mahāvratam

2.32. śauca - santoṣa - tapaḥ - svādhyāya - īśvarapraṇidhānāni - niyamāḥ

2.33. vitarkabādhane - pratipakṣabhāvanam

2.34. vitarkāḥ - hiṃsādayaḥ - kṛta - kāritā -
anumoditāḥ - lobha - krodha -
mohapūrvakāḥ - mṛdu - madhya -
adhimātrāḥ - duḥkha - ajñāna -
anantaphalāḥ - iti - pratipakṣabhāvanam

2.35. ahiṃsāpratiṣṭhāyāṃ - tatsannidhau -
vairatyāgaḥ

2.36. satyapratiṣṭhāyāṃ - kriyāphala - āśrayatvam

2.37. asteyapratiṣṭhāyāṃ - sarvaratna upasthānam

2.38. brahmacaryapratiṣṭhāyāṃ - vīryalābhaḥ

2.39. aparigrahasthairye - janmakathaṃtā -
saṃbodhaḥ

2.40. śaucāt - svāṅgajugupsā - parairasaṃsargaḥ

2.41. sattvaśuddhi - saumanasya - aikāgrya -
indriyajaya - ātmadarśana - yogyatvāni ca

2.42. saṃtoṣāt - anuttamaḥ - sukhalābhaḥ

2.43. kāyendriyasiddhiḥ - aśuddhikṣayāt - tapasaḥ

2.44. svādhyāyāt - iṣṭadevatāsaṃprayogaḥ

2.45. samādhisiddhiḥ - īśvarapraṇidhānāt

2.46. sthirasukhamāsanam

2.47. prayatnaśaithilya - anantasamāpattibhyām

2.48. tato - dvaṅdvānabhighātaḥ

2.49. tasminsati - śvāsapraśvāsayoḥ -
gativiccedaḥ - prāṇāyāmaḥ

2.50. bāhya - ābhyantara - stambhavṛttiḥ - deśa -
kāla - saṃkhyābhiḥ - paridṛṣṭo -
dīrghasūkṣmaḥ

2.51. bāhya - ābhyantara - viṣayākṣepī - caturthaḥ

2. 52. tataḥ - kṣīyate - prakāśāvaraṇam

2.53. dhāraṇāsu ca - yogyatā manasaḥ

2.54. svaviṣaya - asaṃprayoge - cittasya -
svarūpānukāra iva - indriyāṇāṃ pratyāhāraḥ

2.55. tataḥ - paramā vaśyatā - indriyāṇām

3. Vibhūtipādaḥ

3.1. deśabandhaḥ - cittasya dhāraṇā

3.2. tatra - pratyayaikatānatā - dhyānam

3.3. tadeva - arthamātranirbhāsaṃ -
svarūpaśūnyamiva - samādhiḥ

3.4. trayamekatra - saṃyamaḥ

3.5. tajjayāt - prajñālokaḥ

3.6. tasya bhūmiṣu - viniyogaḥ

3.7. trayamantarangaṃ - pūrvebhyaḥ

3.8. tadapi bahiraṅgaṃ - nirbījasya

3.9. vyutthānanirodhasaṃskārayoḥ -
abhibhavaprādurbhāvau -
nirodhakṣaṇacittānvayo - nirodhapariṇāmaḥ

3.10. tasya - praśāntavāhitā - saṃskārāt

3.11. sarvārthataikāgratayoḥ - kṣayodayau -
cittasya - samādhipariṇāmaḥ

3.12. tataḥ - punaḥ - śāntoditau - tulyapratyayau-
cittasya - ekāgratāpariṇāmaḥ

3.13. etena - bhūtendriyeṣu - dharma - lakṣaṇa -
avasthā - pariṇāmāḥ - vyākhyātāḥ

3.14. śānta - udita - avyapadeśya - dharmānupātī -
dharmī

3.15. kramānyatvaṃ - pariṇāmānyatve hetuḥ

3.16. pariṇāmatrayasaṃyamāt - atītānāgatajñānam

3.17. śabdārthapratyayānām - itaretarādhyāsāt -
saṅkaraḥ - tatpravibhāgasaṃyamāt -
sarvabhūtarutajñānam

3.18. saṃskārasākṣātkaraṇāt - pūrvajātijñānam

3.19. pratyayasya - paracittajñānam

3.20. na ca - tatsālambanaṃ - tasyāviṣayībhūtatvāt

3.21. kāyarūpasaṃyamāt -
tadgrāhyaśaktistambhe - cakṣuḥ -
prakāśāsaṃprayoge - antardhānam

3.22. sopakramaṃ - nirupakramaṃ ca karma -
tatsaṃyamāt - aparāntajñānam-
ariṣṭebhyo vā

3.23. maitryādiṣu - balāni

3.24. baleṣu - hastibalādīni

3.25. pravṛttyālokanyāsāt - sūkṣma - vyavahita - viprakṛṣṭajñānam

3.26. bhuvanajñānaṃ - sūrye saṃyamāt

3.27. candre - tārāvyūhajñānam

3.28. dhruve - tadgatijñānam

3.29. nābhicakre - kāyavyūhajñānam

3.30. kaṇṭhakūpe - kṣutpipāsānivṛttiḥ

3.31. kūrmanāḍyām - sthairyam

3.32. mūrdhajyotiṣi - siddhadarśanam

3.33. prātibhādvā - sarvam

3.34. hṛdaye - cittasaṃvit

3.35. sattvapuruṣayoh - atyantāsaṅkīrṇayoḥ - pratyayāviśeṣo bhogaḥ - parārthatvāt - svārthasaṃyamāt - puruṣajñānam

3.36. tataḥ - prātibha - śrāvaṇa - vedana - ādarśa - āsvādavārtā - jāyante

3.37. te - samādhāvupasargāḥ - vyutthāne siddhayaḥ

3.38. bandhakāraṇaśaithilyāt -
pracārasaṃvedanācca - cittasya -
paraśarīrāveśaḥ

3.39. udānajayāt - jala - paṅka - kaṇṭakādiṣu -
asaṅgaḥ - utkrāntiśca

3.40. samānajayāt - jvalanam

3.41. śrotrākāśayoḥ - saṃbandhasamyamāt -
divyaṃ - śrotram

3.42. kāyākāśayoḥ - saṃbandhasaṃyamāt -
laghutūlasamāpatteśca - ākāśagamanam

3.43. bahirakalpitāvṛttiḥ - mahāvidehā - tataḥ -
prakāśāvaraṇakṣayaḥ

3.44. sthūla - svarūpa - sūkṣma - anvaya -
arthavattvasaṃyamāt - bhūtajayaḥ

3.45. tato'ṇimādiprādurbhāvaḥ - kāyasaṃpat -
taddharmānabhighātaśca

3.46. rūpa - lāvaṇya - bala -
vajrasaṃhananatvāni - kāyasaṃpat

3.47. grahaṇa - svarūpa - asmitā - anvaya -
arthavattvasaṃyamāt - indriyajayaḥ

3.48. tato manojavitvaṃ - vikaraṇabhāvaḥ -

pradhānajayaśca

3.49. sattvapuruṣa - anyatākhyātimātrasya -

sarvabhāvādhiṣṭhātṛtvaṃ - sarvajñātṛtvaṃ ca

3.50. tadvairāgyādapi - doṣabījakṣaye - kaivalyam

3.51. sthānyupanimantraṇe -

saṅgasmayākaraṇaṃ - punaraniṣṭaprasaṅgāt

3.52. kṣaṇatatkramayoḥ - saṃyamāt - vivekajaṃ -

jñānam

3. 53. jātilakṣaṇadeśaiḥ - anyatā - anavacchedāt -

tulyayoḥ - tataḥ - pratipattiḥ

3.54. tārakaṃ - sarvaviṣayaṃ - sarvathāviṣayam -

akramaṃ ceti - vivekajaṃ jñānam

3.55. sattvapuruṣayoḥ - śuddhisāmye - kaivalyam

4. *Kaivalyapādaḥ*

4.1. janma - oṣadhi - mantra - tapaḥ - samādhijāḥ - siddhayaḥ

4.2. jātyantarapariṇāmaḥ - prakṛtyāpūrāt

4.3. nimittamaprayojakaṃ - prakṛtīnāṃ - varaṇabhedastu - tataḥ - kṣetrikavat

4.4. nirmāṇacittāni - asmitāmātrāt

4.5. pravṛttibhede prayojakaṃ - cittamekamanekeṣām

4.6. tatra - dhyānajam - anāśayam

4.7. karmāśuklākṛṣṇaṃ - yoginaḥ - trividhamitareṣām

4. 8. tataḥ - tadvipākānuguṇānāmeva - abhivyaktiḥ - vāsanānām

4.9. jāti - deśa - kāla - vyavahitānāmapi - ānantaryaṃ - smṛtisaṃskārayoḥ - ekarūpatvāt

4.10. tāsām - anāditvaṃ - cā''śiṣo - nityatvāt

4.11. hetu - phala - āśraya - ālambanaiḥ -
sangṛhītatvāt - eṣāmabhāve - tadabhāvaḥ

4.12. atītānāgatam - svarūpataḥ - asti -
adhvabhedāddharmāṇām

4.13. te vyaktasūkṣmāḥ - guṇātmānaḥ

4.14. pariṇāmaikatvāt - vastutattvam

4.15. vastusāmye - cittabhedāt - tayorvibhaktaḥ
panthāḥ

4.16. na caikacittatantram cedvastu -
tadapramāṇakam - tadā kiṃ syāt

4.17. taduparāgāpekṣitvāt - cittasya -
vastujñātājñātam

4.18. sadā - jñātāḥ - cittavṛttayaḥ - tatprabhoḥ
puruṣasya - apariṇāmitvāt

4.19. na tatsvābhāsam - dṛśyatvāt

4.20. ekasamaye ca - ubhayānavadhāraṇam

4.21. cittāntaradṛśye - buddhibuddheḥ -
atiprasaṅgaḥ - smṛtisaṅkaraśca

4.22. citeḥ - apratisaṅkramāyāḥ - tadākārāpattau -
svabhuddhisamvedanam

4.23. draṣṭṛdṛśyoparaktam - cittam sarvārtham

4.24. tadasaṅkhyeyavāsanābhiḥ - citramapi - parārtham - saṃhatyakāritvāt

4.25. viśeṣadarśinaḥ - ātmabhāvabhāvanā - nivṛttiḥ

4.26. tadā - vivekanimnaṃ - kaivalyaprāgbhāraṃ cittam

4.27. tacchidreṣu - pratyayāntarāṇi - saṃskārebhyaḥ

4.28. hānameṣām - kleśavaduktam

4.29. prasaṅkhyāne'pyakusīdasya - sarvathā vivekakhyāteḥ - dharmameghaḥ samādhiḥ

4.30. tataḥ - kleśakarmanivṛttiḥ

4.31. tadā sarvāvaraṇamalāpetasya - jñānasya - ānantyāt - jñeyamalpam

4.32. tataḥ - kṛtārthānāṃ - pariṇāmakramasamāptirguṇānām

4.33. kṣaṇapratiyogī - pariṇāmāparānta - nirgrāhyaḥ kramaḥ

4.34. puruṣārthaśūnyānāṃ - guṇānāṃ pratiprasavaḥ - kaivalyaṃ - svarūpapratiṣṭhā vā - citiśaktiriti

Weitere Titel aus dem Verlag Via Nova:

YOGA – Tradition und Erfahrung

Die Praxis des Yoga nach dem Yoga Sûtra des Patañjali

T.K.V. Desikachar

8. Auflage

Gebunden, 248 Seiten, 215 Zeichnungen, ISBN 978-3-928632-00-3

T.K.V. Desikachar ist Sohn und engster Schüler von T. Krishnamacharya, einem der bedeutendsten Yogameister des 20. Jahrhunderts. Folgende Kriterien zeichnen dieses Buch aus:

- Anpassung des Yoga an den einzelnen Menschen, an seine Bedürfnisse und seine Erfordernisse
- Erläuterung der psychologischen und philosophischen Konzepte des Yoga Sûtra des Patañjali und deren Verbindung mit der alltäglichen Yogapraxis
- Darstellung und Bedeutung des Atems und des Wertes von Asana, Pranayama und Bandha für die Hinführung zu Dharana und Dhyana
- Verwirklichung des Prinzips von Vinyasa Krama: das schrittweise Hinführen zu den unterschiedlichen Techniken des Yoga
- Reichhaltig illustrierte Übungsfolgen und die Beschreibung vieler Variationen der klassischen Asanas

Yoga-Therapie

Gesund und leistungsfähig durch Yoga und Ayurveda

Mit CD-Originalton von Sri T. Krishnamacharya

A.G. Mohan

3. Auflage

Hardcover, 320 Seiten, 16 Graphiken, über 200 Zeichnungen, ISBN 978-3-936486-53-7

Dieses in seiner Art einzigartige Buch des bekannten Yogameisters A.G. Mohan erklärt aus authentischer Quelle

- die Kernprinzipien und Techniken des Atmens und der Bewegung im Yoga und der Yoga-Therapie, welche nötig sind, um einen besseren Gesundheitszustand und Stetigkeit des Geistes durch das Praktizieren von Asanas zu erreichen;
- wie man eine ausgewogene und schrittweise aufbauende Yoga-Praxis gestaltet und, noch wichtiger, wie Sie sicherstellen, dass Ihre Praxis nicht ein Ungleichgewicht in Ihnen schafft;
- die Prinzipien und Techniken der Pranayama-Praxis als Meditation und als ein Mittel, um bessere Gesundheit zu erreichen;
- die Grundlagen des ayurvedischen Vorgehens und die ayurvedische Ernährung im Besonderen;
- die Anwendung von Yoga und Ayurveda als Therapie, mit über 30 Fallstudien und detaillierten Erklärungen über die Hintergründe der Anwendung.

Yoga – Energie ein Leben lang

Übungszyklen und Meditationen des Hatha Yoga

Jutta Pinter-Neise

Hardcover, 184 Seiten, 200 farbige Fotos, ISBN 978-3-86616-098-9

In diesem Buch werden 35 Jahre Erfahrung im „Yoga der Energie" weitergegeben. Die Entwicklung der Achtsamkeit führte zu einer immer größeren Einfachheit und Genauigkeit in der Ausführung der Haltungen und Bewegungsabläufe. Die vier Übungszyklen bauen in ihrer Anforderung aufeinander auf. Je tiefer der Übende sich einzulassen gewillt ist, desto tiefer wird er berührt werden. Die einzelnen Übungen sind so aufeinander abgestimmt, dass jede Übungssequenz eine in sich geschlossene Einheit ergibt, die jeweils mit einer Meditation abschließt. Der Autorin geht es darum, zu berühren, damit Veränderung geschehen kann. Ihre jahrelange Suche hat ihr mit aller Deutlichkeit gezeigt, dass es nur unser Denken und Fühlen ist, das alles verändert.

Das große Yoga-Therapiebuch

Yogapraxis für Gesundheit und einen klaren Geist
Remo Rittiner/Christoph Kraft

7., vollständig überarbeitete Neuauflage

Klappenbroschur, 224 Seiten, 400 farbige Fotos, ISBN 978-3-86616-518-2

Dieses Buch fußt auf den Grundprinzipien der Yogatradition des Yogameisters T. Krishnamacharya und seines Schülers A. G. Mohan sowie auf den neuesten Erkenntnissen der westlichen Anatomielehre. Es ist klar und verständlich geschrieben und eignet sich sowohl für Anfängerinnen und Anfänger als auch für fortgeschrittene Yogaübende, die sich für das große Heilungspotenzial der Yogatherapie interessieren. Remo Rittiner hat seine langjährige Erfahrung mit zahlreichen Menschen, die regelmäßig unter seiner Anleitung Yoga praktizieren, in dieses Buch einfließen lassen. Das Buch bietet zahlreiche Yogatherapieprogramme für gesunde Füße, stabile Knie, bewegliche Hüften, einen starken Rücken, entspannte Schultern und einen entspannten Nacken. Es bietet aber auch Yogatherapieprogramme, die sich bei hohem Blutdruck, Asthma, Übergewicht und Schlafstörungen bewährt haben. Alle Übungen werden in klarer und verständlicher Form erklärt und sind dank zahlreicher Fotos für jeden Leser leicht zugänglich.

Der Yoga der Bhagavad Gita

Indische Spiritualität für den Alltag
Shri Yogi Hari

Paperback, 224 Seiten, ISBN 978-3-86616-270-9

Wie es möglich ist, inmitten des weltlichen Trubels dem Weg zur Vereinigung mit der Höchsten Wirklichkeit zu folgen, ist eine Frage, die viele spirituell Suchende bewegt. Shri Yogi Haris Kommentar zur Bhagavad Gita gibt darauf überraschend klare Antworten und zeigt, wie mit den Übungen der drei bedeutenden Yogawege, der Wege der Erkenntnis, der Gottesliebe und des selbstlosen Tuns, die Alltagswelt sogar zum spirituellen Lehrmeister werden kann. In dem Meisterwerk, das in der Übersetzung „Gesang des Erhabenen" bedeutet, werden die unentwegten Kämpfe beschrieben, die im Menschen stattfinden zwischen den guten und den bösen Kräften, zwischen dem Ego und seiner höheren Natur. Konkrete Anweisungen und praxisnahe Anleitungen vermitteln, dass Spiritualität vor allem lebensnah und in jedem Moment unseres Daseins erfahrbar ist, ganz unabhängig von unserer aktuellen Lebenssituation. Dieses Buch ist ein Geschenk für alle Suchenden, die bereit sind, sich wahrhaft auf den Weg zu machen zu einem zufriedeneren, harmonischeren und erfüllten Leben.

Samyama Integrale Yogameditation

Ein spiritueller Übungsweg, der in die tiefe Erfahrung von Körper, Atem, Geist und Herz führt
Harald Homberger

Klappenbroschur, 144 Seiten mit Lesezeichen, ISBN 978-3-86616-520-5

Samyama Integrale Yogameditation vermittelt ein grundlegendes Verständnis von Yoga und Meditation und lässt uns das Herz des Yoga spüren: Yoga ist Meditation, der Weg des Erwachens zu unserer wahren Natur. Samyama Integrale Yogameditation steht für einen spirituellen Übungsweg und für eine Yogatradition, die Körper, Atem, Geist und Herz integriert und darüber hinaus praktische Handlungsanweisungen für ein spirituelles Leben im Alltag aufzeigt. Zeile für Zeile nimmt Harald Homberger seine Leserinnen und Leser in diesem Buch mit hinein in die Tiefe des Yoga – in das Gewahrsein reiner Gegenwärtigkeit.

Yoga der Befreiung

Das Praxisbuch des JIVAMUKTI YOGA
Mit einem Vorwort von Sting
Sharon Gannon / David Life

3. Auflage

Paperback, Format: DIN A 4, 288 Seiten, über 800 Fotos, ISBN 978-3-86616-161-0

Entdecke die einzigartige Energie und Kraft des Yoga, die dein Leben transformiert. Die Gründer des Jivamukti Yoga Center in New York erklären in diesem umfassenden Handbuch ihr körperliches und spirituelles Yogasystem, das auf fließenden Bewegungsfolgen basiert. Sie verknüpfen die Weisheit der yogischen Schriften und der Meditation mit der herausfordernden Praxis des Hatha Yoga, beschreiben die körperlichen Haltungen und zeigen auf, wie sie in der jahrtausendealten Tradition entstanden sind, welche psychotherapeutischen Vorteile durch regelmäßige Übung entstehen und wie spirituelle Kräfte freigesetzt werden, wenn die Energie durch Körper und Geist frei fließt. Das Buch gibt in Bild und Text viele sachkundige Anleitungen, wie man durch Übungen physische Stärke, Gesundheit, Gelassenheit, Selbsterkenntnis und spirituelle Freiheit erreichen kann, und erklärt, wie Yoga zum verantwortungsbewussten Handeln führen kann.

Herz-Yoga

Die heilende Kraft inniger Verbindung
Mark Whitwell

2. Auflage

Paperback, 304 Seiten, 160 Fotos und Grafiken, ISBN 978-3-86616-176-4

„Der höchste Ort yogischer Bewusstheit ist das Herz, nicht der Kopf." Und im Herzen sind wir alle schon erleuchtet, meint Mark Whitwell. Er studierte den Yoga bei bedeutenden Meistern wie T.K.V. Desikachar, der ihn auch in den Yoga des Yogameisters T. Krishnamacharya einführte. Im „Herz-Yoga" wagt Whitwell Revolutionäres: Er formuliert ein neues, ein eigenes Yogasutra des Herzens: 44 knapp zusammengefasste Weisheiten über das Leben, die Liebe und die Erleuchtung. Yoga ist für den Autor das Leben selbst, ein Tanz des Männlichen und des Weiblichen in gegenseitigem Respekt. Wie sich dies auf die eigene tägliche Yogapraxis auswirken kann – auch dies kann man in diesem aufrüttelnden Buch lernen.

Spiraldynamik® – Achtsame Körperhaltung

Die besten Übungen für ein neues Körperbewusstsein
Renate Lauper / Dr. med. Christian Larsen

3. Auflage mit neuer Ausstattung

Klappenbroschur, 176 Seiten, 120 farbige Abbildungen,
ISBN 978-3-86616-533-5

Entdecken Sie in diesem Buch die preisgekrönte und tausendfach bewährte Erfolgsmethode der Spiraldynamik, die auf einer gänzlich neuen Betrachtung des evolutionären menschlichen Bauplans basiert. Es zeigt einen konkreten und anatomisch sinnvollen Weg, wie Sie sich körperlich verändern und aufrichten können. Erfahren Sie, wie durch die Bewusstheit der körperlichen Bewegung und Haltung ein vollkommen neues Lebensgefühl geweckt werden kann – frei von Beschwerden, zentriert, präsent, selbstbewusst, in Würde, kraftvoller Lebendigkeit und Ausstrahlung. Bahnbrechende Einsichten über die menschliche Anatomie und ihre Bewegungen werden hier ganz praktisch und konkret in einem perfekt aufeinander abgestimmten Übungsprogramm vermittelt, das behutsam und nachhaltig in die Aufrichtung führt. Achtsamkeit bedeutet, Körperbewusstsein im Alltag zu kultivieren.

Die Unsterblichkeit der Seele

Intuition, Willenskraft und Weisheit –
Die Essenz der Yogaphilosophie
Ralph Skuban

Klappenbroschur, 160 Seiten, ISBN 978-3-86616-516-8

In der Identifikation mit dem körperlichen Aspekt unserer Existenz fehlt uns offenbar, was alle Traditionen immer wieder lehren: Wir sind trotz der Vergänglichkeit des Körpers unsterblich. „Woher kam, was uns das Leben schenkte, und wohin wird es gehen, wenn wir das Leben einmal aushauchen?" In diesem Buch geht es um die Kernfragen des Menschen. Vor dem Hintergrund des Yoga entfaltet es, worauf es im Leben ankommt: Was ist Leben? Wie wirklich ist die Wirklichkeit? Ich bin mehr als mein Körper. Wege zum inneren Frieden. Der ganze Schatz liegt in mir selbst. Über den Wunsch, Gott zu sehen. Glück und Glückseligkeit. Gott wohnt in der Stille des Atems. Dieses Buch zeigt einfühlsam und argumentativ, wie wir falsche Konzepte und Identifikationen aufgeben können, damit wir existenziell erkennen und begreifen, wer und was wir in Wirklichkeit sind und dass das Glück in uns selbst liegt.

Chakras und die magische Kraft der Stimme

Stärke deine Energiezentren
Das Chakra-Vokal-Training
Joachim Sevenich

3. Auflage mit neuer Ausstattung

Klappenbroschur, 176 Seiten, 23 Grafiken und Tabellen,
ISBN 978-3-86616-540-3

Joachim Sevenich hat ein richtungsweisendes Werk geschrieben, in dem er anschaulich darstellt, wie aus den Vokalen der Stimme in Verbindung mit den Hauptenergiezentren, den Chakras, schöpferisches Wirken entsteht. Ganz gleich ob Sie sich meditativ versenken, Ihre Selbstheilung anregen oder Wünsche realisieren möchten: Der praktischen Anwendung des Chakra-Vokal-Trainings im Alltag sind keine Grenzen gesetzt. Selbst bei der Partnersuche, Prüfungsvorbereitung oder Erkenntnisgewinnung kann die zauberhafte Kraft der eigenen Stimme kreativ angewendet werden. Durch Anleitungen, speziell zur Kommunikation mit Herz und Seele, wird zudem der Kontakt zu Ebenen ermöglicht, die im Alltag allzu leicht verschüttet sind und die doch eine absolute, persönlich erfahrbare Wahrheit beinhalten. Damit Sie selbst die ganz neuen Seiten Ihrer eigenen Stimme erfahren können, laden viele Übungen dazu ein, die faszinierenden Möglichkeiten des Chakra-Vokal-Trainings leicht und mit Freude zu erproben.

Yoga-Philosophie-Atlas

Eckard Wolz-Gottwald

6. Auflage

Hardcover, 228 Seiten, 240 Abb. und Graphiken, ISBN 978-3-936486-04-9

Der *Yoga-Philosophie-Atlas* ist eine Enzyklopädie der Yoga-Philosophie. Er besteht aus Texten zu allen zentralen Themen der Yoga-Philosophie. Die den Text erläuternden Grafiken können die Grundstrukturen eines Gedankens treffend auf den Punkt bringen und ermöglichen so den Zugang zu den oft komplizierten Zusammenhängen der Yoga-Philosophie. Von der allgemein verständlichen Anschaulichkeit ist der Weg zu den Tiefen des yogischen Wissens gewiesen. Der *Yoga-Philosophie-Atlas* erläutert die einzelnen Wege und Schulen und setzt sie in den großen Zusammenhang der Philosophie des Yoga. Die Grundthemen der Yoga-Philosophie, die großen Textzeugnisse des religiösen Yoga, des klassisch-philosophischen Yoga und auch des körperorientierten Yoga der Gegenwart bilden besondere Schwerpunkte.